주식투자 진짜공부

자본주의 정글에 던져진
주린이를 위한 투자 가이드

주식투자
진짜공부

초판 1쇄 인쇄 2021년 12월 20일
초판 1쇄 발행 2021년 12월 27일

지은이   한운
펴낸이   한준희
펴낸곳   ㈜새로운 제안

책임편집 장아름
디자인   이지선
마케팅   문성빈, 김남권, 조용훈
영업지원 손옥희, 김진아

등록   2005년 12월 22일 제 2020-000041호
주소   (14556) 경기도 부천시 조마루로385번길 122 삼보테크노타워 2002호
전화   032-719-8041   **팩스**   032-719-8042
이메일   webmaster@jean.co.kr   **홈페이지** www.jean.co.kr

ISBN   978-89-5533-626-9 (13320)

주식투자
진짜공부

자본주의 정글에 던져진
주린이를 위한 투자 가이드

한운 지음

새로운제안

지적 토양이 되어주신 아버지와

밥과 책을 풍족히 먹여주신 엄마께

첫 책을 바칩니다.

추천사

금융투자 실무를 진행하며 결국 찾게 되는 건 기본이었습니다. 그러한 기본에 대한 A to Z와 저자 특유의 냉소적인 따뜻함과 예리함을 통해 성찰과 개발을 이루어내기에 손색이 없는 도서입니다. 투자 관련 기본 지식이 필요한 대학생, 직장인, 일반인 모두 강력 추천드립니다.

장진영(하나금융투자)

코로나19 폭락장을 계기로 주식시장에 뛰어든 많은 청년 투자자들에게 투자는 양극화된 자산 격차를 극복할 수 있는 기회라고 여겨집니다. 기성세대보다 모험적인 투자 성향을 보이는 이유도 자산 격차를 극복하기 위한 절박함이 녹아있기 때문입니다.

진작 한국에 나왔어야 했을 책이라고 생각합니다. 2030 세대의 절박함을 공감하고 이들과 같은 투자자의 관점에서 개개인에게 적합한 투자 방식을 스스로 공부할 수 있게 도와주는 과외 선생님과 같은 책이라고 소개하고 싶습니다. 저자의 노하우를 바탕으로 추천한 다양한 투자 도서 중 자신에게 필요한 책들을 우선적으로 공부하여 성공적인 밀레니얼 세대의 주주로 거듭나시기를 기원합니다.

김소영(전 Goldman Sachs)

주린이의 집중도를 이끌어내기엔 좀 어려울 수도 있겠다라는 생각도 했습니다. 그래서 오히려 한 번 두 번 깨지고 스스로를 되돌아볼 때 '잔소리 부스터' 같은 느낌이 들겠다 싶더군요.

'투자'라는 긴 여정에 있어 가장 기본적이지만, 꼭 들어야 할 잔소리가 담긴 책.

덕택에 스스로도 초심을 찾아봅니다. Back to the basic.

늘 성공 투자를 기원합니다.

머니소나타(신기술금융사, blog.naver.com/quintain2000)

주식시장은 독충과 맹수가 출몰하는 정글이다. 그 안에 있는 달콤한 과실을 따먹기 위해서는 견디고 넘어야 할 위험 요소가 많다. 문제는 위험 요소가 대체 무엇인지, 어떻게 넘어야 하는지 가르쳐주는 사람이나 책이 흔치 않다는 것이다.

이 책은 정글에 처음 들어온 초보 탐험가들에게 길을 찾는 법, 위험 요소를 대하는 법, 가지고 있는 장비를 휘두르는 법, 다쳤을 경우 응급처치하는 법을 알려주는 책이다.

주식시장에 들어와서 과실을 따먹고 싶은 사람은 최소한 이 책에 있는 내용은 알아야 우선 생존을 할 수 있고, 그 다음에 돈을 벌 수 있을 것이다. 내 주변의 주식을 처음 시작하는 사람들에게 필독을 권한다.

신나는 동물농장(금융회사, blog.naver.com/huridam)

들어가며

집필을 고려해보라는 제안을 처음 들었을 때 많이 고민했다. 나는 네다섯 자릿수의 기록적인 수익률을 내거나 수천억 원 규모의 자산을 운용한 적도 없고, 이런 경력들을 갖추고 있는 우리나라 제도권과 재야의 고수들이 이미 많은 책을 냈기 때문이다.

이런 외적으로 보이는 것은 차치하더라도 내적 갈등이 컸다. 세상에 고수는 너무 많고 나는 배울 게 아직 한참 남았다고 생각하게 된 경험이 있었다. 미국의 핀테크 회사에서 일할 때 겪은 일이다. 이 회사는 약 200만 개에 달하는 전 세계 금융상품 빅데이터를 실시간으로 분석하고 이를 미국의 기관투자자들에게 제공하는 회사였다. 나는 거시 경제 리서치와 빅데이터 분석 업무를 맡았다.

사수는 오랜 기간 투자은행에서 경제학자로 일한 업계 20년 차의 경제학자였다. 우연한 기회로 사수를 따라 미국 동부 금융가의 헤드급들이 만나는 사교 모임에 참석하게 됐다. 수천조 원을 굴리는 국제적인 자산운용사들의 투자운용팀 헤드, 금융가 패널 대표로 재무부 차관과 미국의 기준금리 향방을 토론했던 리서치 팀 헤드, 미국 중앙은행의 선임 경제학자 등 쟁쟁한 사람들 일색이었다.

사수 덕에 언론에서나 보던 고수들에게 여러 조언을 들으며 그들이 그 자리에 오르기까지 얼마나 많은 공부를 했는지 알게 됐다. 또한 내 경제와 투자에 대한 배움과 견해를 묻는 그들의 질문에 민망함을 견딜 수가 없었다. 물론 그들은 멘티를 대하듯 순수한 호의로 물은 질문들이었다. 그러나 당사자인 나는 혹시라도 사수나 회사 얼굴에 먹칠할까 노심초사하며 단어 하나하나를 신중하게 고르느라 진땀을 뺐다. 경제와 투자 공부에 더욱 매진하게 된 계기였다.

이런 분들도 가만히 계시는데 내가 무슨 책을 낸다는 말인가? 이런 내 우려를 집필을 제의하신 선생님께 전하자 너무 심각한 내용을 전달하려 하지 말고 경험자로서 또래에게 말을 건네듯 적어보라는 조언을 받았다. 2030의 투자가 활발해졌음에도 정작 2030 투자자 관점에서 쓴 제대로 된 투자 가이드북이 없다는 말에 최근 출간된 책들을 읽어봤다.

주식투자 열풍이 불면서 쏟아져 나온 책이 너무 많았다. 추천할 만한 책을 가리기 위해 훑어만 봤는데도 읽다 지칠 정도로 많았다. 내가 이렇게 느낄 정도니 주린이는 뭐가 좋은 책인지 분별하기 쉽지 않겠다는 생각이 들었다. 그리고 무엇보다도 2030이

주로 정보를 얻는 유튜브 등 인터넷에는 말도 안 되는 소리를 늘어놓는 소위 '사짜'들이 넘쳐 난다는 걸 알게 된 후 집필을 결심하게 됐다.

이제 막 증권 계좌를 개설한 주린이들이 느낄 당황함을 이해한다. 회계학이나 투자론을 따로 공부한 게 아니라면 당장 용어들부터 외계어처럼 들릴 것이고, 경제 신문을 꾸준히 읽는 습관이 없다면 경제가 어떻게 돌아가는지도 모를 것이고, 이름조차 생소한 회사들이 증권시장에 상장된 것만 4천여 개에 달하는 것을 보면 '우리나라에 회사가 이렇게 많았나?' 새삼 놀라는 동시에 무슨 종목을 거래해야 할지부터 막막할 것이다.

이런 상황에 놓인 주린이들에게 어떤 내용을 전달해야 가장 효과적인 도움을 줄 수 있을지 오랜 기간 고민했다. 참고를 위해 여러 대형 서점의 투자 분야 책들을 스테디셀러부터 최근 베스트셀러까지 전부 훑어봤다. 좋은 책도 많았고 나쁜 책은 더 많았다. 나온 지 몇 년 안 된 좋은 책인데 절판된 경우도 더러 있었다. 예나 지금이나 주린이용 책 대부분은 '그래서 뭘 사야 하는지'를 설명하는 기술적인technical 내용에 치중하고 있었다.

이런 책들을 보며 내 책에는 무슨 내용을 담아야 범용적이면서도 실질적인 도움을 줄 수 있을지 숙고했다. 마음 같아서는 내가 여태까지 공부하고 익힌 모든 지식을 다 풀고 싶었으나 지면상의 문제로 포기했다. 한 달 가까이 고민한 결과, 투자철학과 매매 원칙, 올바른 투자 공부법에 초점을 맞추는 게 최선이라는 판단을 내렸다. 매매 기법이나 투자 사례처럼 기술적인 자료는 이미 너무 많다. 따라서 내가 이에 관한 내용을 굳이 한 번 더 쓰기보단 개중 좋은 자료를 추천하는 게 더 효율적이라고 생각했다.

기법을 배운다고 수익률이 올라가지는 않는다. 고수가 자신이 투자한 종목을 대놓고 알려줘도 고수만큼의 수익률을 못 내는데 고수의 기법을 배운다고 고수가 될 리 없다. 매매 기법과 이를 적용한 투자 사례로 도배된 책은 읽을 때는 뭔가 배운 듯한 느낌이 든다. 저자가 소개하는 투자 성공 사례들이 마치 자신의 이야기인 것만 같다. 책을 읽는 모든 독자가 자신처럼 수익을 낼 수 있다고 부추기기 때문이다.

"야, 나두 했어! 너두 할 수 있어!"

이 책만 다 읽으면 부자가 되리라는 자신감을 고취한다. 그러나 기분만 그렇고 실제로는 별 도움이 안 된다. 자기 계발서나 개인의 성공담을 기록한 수필과 같다. 합격 수기—특히 『N일의 기적』 등의 제목을 가진—를 백날 읽어도 자기 성적에는 별 유의미한 변화가 없는 것과 같다.

주식투자뿐만 아니라 어떤 분야든 절대 성공을 보장하는 마법 공식은 없다. 타인의 성공 방정식은 오롯이 그 사람의 전유물이다. 타인의 방식을 참조할 수는 있겠지만 그게 꼭 자신에게 완벽히 적합한 방식은 아니며 결과 역시 다를 수 있음을 알아야 한다.

당장 실전에서 써먹을 수 있는 매매 기법에 목마른 심정은 이해한다. 당연히 기술적인 내용을 익히는 것도 중요하다. 그러나 투자의 본질에 대한 고민 없이 익힌 투자 기법은 어린아이에게 쥐어준 칼과 같다. 수익률은 절대로 기법의 가짓수에 비례하지 않는다.

일일이 열거하기도 힘든 수많은 투자 방법은 시대와 상황에 따라 달라진다. 기법의 수도 그만큼 많다. 마치 경영전략과 같다. 제조업과 유통업의 경영 방식이 같을 수 없다. 같은 상품이라도 상황과 장소에 따라 판매 방식이 다르다. 언제나 항상 성립하는 매출 공식도 없다. 백종원 대표의 솔루션도 매번 다르지 않은가?

그러나 "투입량보다 더 큰 산출량이 기대될 때 위험을 감수한다"라는 투자의 본질적 속성은 투자라는 행위가 처음 발생한 이후부터 단 한 번도 변하지 않았다. 현상은 다양해도 본질은 똑같다. 비단 투자뿐만 아니라 모든 이치가 그렇다. 경영전략에 절대적인 매출 공식은 없어도 "제품의 질에 신경 쓴다", "매출 타깃을 세분화해 정확히 포지셔닝한다"처럼 항상 지켜야 할 원칙은 존재한다. 이런 근본적인 원칙은 어떤 판매 방식이나 매출 공식보다도 중요하다.

투자 역시 본질에 대한 이해도가 아는 기법의 가짓수보다 훨씬 더 중요하다. 물론 실제 투자를 하려면 매매 기법도 알아야 한다. 이를 위해 실전에서 주로 쓰이는 기법들을 간략히 설명해놓았다. 그리고 자신에게 가장 적합한 투자 방식을 찾은 주린이들이 해당 기법을 더 깊게 공부할 수 있도록 직접 읽어보고 엄선한 책들을 본문과 소단원별 끝에 추천했다.

그러나 본 책의 주 골자는 어디까지나 올바른 투자 공부법과 투자철학·매매 원칙이다. 투자 실력을 늘리려면 다양한 매매 기법을 섭렵할 게 아니라 올바른 투자철학과 매매 원칙을 갖춰야 한다. '절대 수익 필살기'를 얻고자 사막에서 바늘을 찾는 심정으로 다년간 수만 쪽의 자료를 뒤지고 실제로 투자를 해보며 체득한 교훈이다.

이 교훈의 핵심을 1장에 담았다. 서론에 해당하는 1장은 경제와 자본주의에 대한 원론적인 내용과 내 견해가 담겨있다. 책 전체를 관통하는 메시지이자 모든 설명의 기반이 되는, 다시 말해 나의 투자철학과 매매 원칙에 해당하기에 1장에 두었다. 독자들이 가장 어렵게 느끼리라 예상되는 1장만 완벽히 이해한다면 그 뒤의 내용은 수월히 이해할 수 있으리라 기대한다.

"투자는 실전을 통해 배우는 것"이라고 주장하는 개인투자자들을 많이 봤다. 아예 틀린 말은 아니다. 책만 읽어서 투자 수익을 낼 수 있다면 글자를 아는 모든 사람이 투자로 부자가 됐을 것이다. 하지만 "독서로는 투자를 배울 수 없다"라는 말은 절대적으로 틀린 말이라고 믿는다. 투자로 부자가 된 모든 사람은 독서를 중요시한다.

독서의 가장 큰 장점은 다른 사람들이 사용한 기회비용을 통해 자신의 기회비용을 아낄 수 있다는 점이다. 책은 살 때 쓰는 비용과 읽을 때 들이는 시간을 제외하면 잃을 게 없다. 무엇을 배우든 투입 자본 대비 가장 큰 편익을 뽑아낼 수 있는 수단은 독서다. 내 경우 다른 투자자들이 남긴 약 500권 분량의 경험을 참고해 시행착오를 줄인 덕에 기회비용을 최소화할 수 있었다.

가장 좋은 투자 공부법은 정석적인 단계를 차근차근 밟아나가는 것이다. 그러나 모두가 나처럼 수백 권의 투자 책을 전부 읽을 여건이 되지는 못할 터다. 본 책은 그런 주린이들과 스스로 공부의 부족함을 느끼는 주식투자자들을 위한 책이다. 시장에 전해지는 수없이 많은 투자 조언과 격언 중 직접 검증한 내용만 소개했다. 내가 주식투자를 공부하며 읽은 책들에 대한 간결한 주해서 또는 체계적 이론 학습을 위한 안내서라고 보면 정확하다. 더불어 시장에 퍼진 잘못된 통념들을 바로잡고자 가장 큰 집필 동기인 '사짜의 종류와 이를 가려내는 법'을 자세히 설명했다.

이를 위해 본 책의 내용은 역사적 사례 또는 이론적 토대가 있거나 신뢰할 만한 국내외 투자자들의 의견이 합치하는 내용으로 제한했다. 내 사견이나 경험 역시 전술한 경우들을 통해 교차 검증된 내용만 적었다. 순수한 내 견해를 적은 경우 "개인적으로…", "사견으로는…", "…라고 생각한다" 등의 문장으로 사견임을 명시했다.

또한 '주린이'를 위한 개론서 역할에 충실하기 위해 일정 수준

이상의 내용은 전부 주석 또는 각 소단원의 끝에 설명했다. 본문과 소단원별 끝에서 소개하는 책들의 경우 영어 원서는 번역본이 없다면 원제만, 번역본이 있다면 우리말 제목과 원제를 병기했다. 같은 제목의 책이 여럿일 경우 저자를 별도로 언급했다. 시리즈거나 수차례 개정된 책 중 특정 편을 추천한다면 몇 편인지 구체적으로 적었다. 별도의 언급이 없다면 최신 개정판을 읽으면 된다.

정말 필요한 경우가 아니면 본문에서는 수식 자체를 최대한 배제했다. 1장-03에 나오는 '생산함수'가 전부다. 같은 맥락에서 고등학교 이과 과정 이상의 통계학과 수학 지식을 요구하는 금융 공식들이나 R 또는 파이썬을 이용한 모델링 역시 언급 자체를 피했다. 단, 의무교육 과정인 중학교 수준의 수학 지식은 갖고 있다고 가정한다.

본 책은 주린이가 반드시 알아야 할 투자의 핵심을 전문 지식 없이도 이해할 수 있는 방식으로 설명했다. 그러나 이 말이 슬쩍 보면 다 이해할 수 있다는 뜻은 절대 아니다.

가령 경제학 원론은 경제학 공부를 본격적으로 시작하는 사람들을 위한 가장 쉬운 책이다. 그러나 경제학 원론이 아무리 기초적인 경제 이론만 다룬다고 해도 소설 읽듯 쭉쭉 읽기만 해서야 다 이해가 될까? 스스로 조사하고 생각하며 읽지 않으면 내용은 알되 의미를 모르는 죽은 지식이 될 가능성이 크다.

투자도 마찬가지다. 증권시장은 이미 대가라 불리는 투자자들도 끊임없이 연구한다. 수십 년 경력의 베테랑 투자자들조차 한순간에 쓸려나간다. 투자를 큰 노력 없이 쉽게 이해할 수 있다고 말하는 사람은 천재거나 사기꾼이다. 투자라는 복잡한 행위를 설명하는데 씹지도 않고 삼킬 수 있는 말랑말랑한 책은 결코 존재할 수 없다. 투자는 '부루마블'이 아니다.

물론 본 책은 어디까지나 갓 주식투자에 입문한 주린이를 위한 책이다. 방대한 사전 지식을 요구하거나 전문서만큼 어렵지는 않다. 그러나 본 책을 동화책 읽듯 가벼운 마음으로 대충 읽고도 완벽히 이해할 수 있으리라 기대하면 곤란하다. 정말 주린이인데도 이 책이 쉽다면 천재거나 제대로 읽지 않은 것이다.

내 생각에 본 책은 대중서는 쉽고 전문서는 어려운 초보 투자자들에게 제일 적합한 대학교 1학년 교양과목 수준의 난도다. 제대로 공부하겠다는 마음가짐으로 읽어도 이해가 안 될 정도로 어렵지는 않다. 그러나 소설처럼 술술 읽힐 정도로 쉽지도 않다. 배경지식의 유무를 떠나 보는 게 아니라 읽어야 한다.

다만 한 가지는 확실하게 장담할 수 있다. 본 책을 차분하고 꼼꼼하게 정독한다면 투자 경력과 무관하게 "어디서 투자를 그렇게 배웠냐" 혹은 "누가 그런 소리를 하냐"라는 말은 절대 안 듣게끔 썼다. 자신에게 맞는 투자 방법을 깨닫고 올바른 방식으로 공부할 수 있기를 희망한다.

추천하는 책은 내가 접한 500권의 책 중 추리고 추린 목록이지만 여전히 많은 분량이다. 당연히 다 읽는 것을 추천하고 그게 가장 바람직하겠으나 현실적으로 쉽지 않으리라 생각된다. 따라서 같은 난이도로 분류한 책들은 직접 조금씩이라도 읽어본 후 자신의 상황과 목적에 맞춰 취할 책과 버릴 책을 취사선택하기를 바란다.

내가 선대의 경험을 통해 많은 배움을 얻었듯 독자들도 본 책에서 높은 가성비를 누리기를 바라며, 진정한 자본가가 되기 위한 첫 발걸음을 뗀 모든 주린이와 주식투자자들을 응원한다.

2021년 12월
관악산에서, 한운

"이 책은 투자전략의 선택 및 실천 방법을 쉽게 이해할 수 있도록 쓰였다. 증권 분석기법보다는 투자의 원칙과 투자자의 태도에 더 많은 비중을 두었다.

......

따라서 이 책이 '백만장자가 되는 방법'을 일러주는 책이 아니라는 점을 처음부터 분명히 해야겠다. 월스트리트는 물론 다른 어떤 곳에서도 부자가 되는 왕도는 없다. 이러한 사실은 금융의 역사를 통해 분명히 확인할 수 있다."

『현명한 투자자*The Intelligent Investor*』 중에서

차례

제2장

'주른이'를 꿈꾸는 모든 '주린이'를 위하여

제3장

나한테 맞는 매매 방법 찾기

제4장
무엇을 얼마나 어떻게 공부해야 할까?

제5장

실전 투자에 앞서 숙지해야 할 사항들

"현세대와 경제의 가장 큰 문제는 금융 문맹이다."

앨런 그린스펀 Alan Greenspan

제1장

경제와 투자를
'제대로' 공부해야 하는 이유

자본주의가 쌓아 올린 콘크리트 정글 한복판에서

01
자본주의 사회에서 사는데 경제를 모른다는 건

내가 호구라니

우리는 자본주의 사회에서 태어나 성장해 살아간다. 그러나 사람들 대부분은 자본주의가 무엇인지도, 자본주의 사회에서 산다는 게 어떤 의미인지도 정확하게 이해하지 못한다. 경제를 제대로 공부한 적이 없기 때문이다.

경제를 공부하지 않았어도 현대사회가 자본주의 사회인 건 누구나 다 아는 사실인데 너무 과장하는 것 아니냐고 반문을 제기할 수 있다. 과연 그럴까? 지금 당장 자본주의의 정확한 정의가 무엇인지 자문해보면 금방 알 수 있다.

"Apple의 뜻은 사과" 수준의 명쾌하고 정확한 대답이 '즉시' 나오는가?

만약 그렇다면 기초 책은 본 책 한 권으로 끝내고 각 투자 기법, 즉 기술적 분석과 가치평가를 심도 있게 다루는 전문서로 바로 건너뛸 것을 강력히 추천한다. 하지만 경제학 전공자로서 조심스럽게 추측하건대, 대부분은 전술한 경우에 해당하지 않을 것이다. 앞서 말했듯 경제를 제대로 공부한 적이 없기 때문이다.

경제학에 대한 흔한 오해 중 하나는 경제를 공부하면 미래를 예측할 수 있다는 것이다. 안타깝게도 경제학은 예언과 별 상관이 없는 학문이다. 예언에 관심이 있다면 경제학보다는 사주명리나 타로카드를 공부하는 편이 낫다.

경제학은 원래 정치학의 하위 과목으로 가르쳐졌다. '경제학의 아버지'라는 이명으로 불리는 애덤 스미스Adam Smith는 논리학과 도덕철학을 가르치던 철학자였다. 경제학의 개념을 최초로 제시했다는 것으로 유명한 그의 저서 『국부론The Wealth of Nations』도 흔히 경제학이라는 단어를 들으면 떠올릴 법한 수식이 도배된 수리과학 책이 아니다.

『국부론』은 자산 축적을 꾀하는 개인의 이기심과 사유재산권을 인정하고 보장하는 정책적 안정성이 어떻게 국가의 총 편익을 증가시키는지를 논하는 사회과학·인문학 책이다. 애초에 '경제'가 '경세제민經世濟民'의 줄임말임을 상기하면 경제학이 무엇을 연구하는 학문인지는 자명하다. 경제학의 탄생과 발전에 대해 더 자세히 알고 싶다면 『죽은 경제학자의 살아있는 아이디어 New Ideas from Dead Economists』를 추천한다.

이제 경제학의 사전적 정의가 왜 "인간의 경제활동에 기초를 둔 사회적 질서를 연구 대상으로 하는 사회과학"인지 이해했을 것이다. 경제학은 우리가 속한 자본주의 사회의 규칙과 관계를 설명하는 학문이다. 게임 참가자가 게임 규칙을 제대로 알아야 원활하게 게임을 진행할 수 있는 것처럼 자본주의 게임 참가자 역시 경제를 제대로 알아야 효율적인 경제활동을 할 수 있다.

자본주의 사회에서 경제를 제대로 모르고 경제활동을 한다는 건 게임장에서 게임 규칙도 잘 모르는 상태로 게임을 하는 격이다. 시쳇말로 '호구'가 되는 것이다. 상경 계열 직종이 아니더라도, 주식투자를 하지 않더라도 자본주의 사회에서 경제활동을 영위하는 사람이라면 누구나 어느 정도의 경제 공부가 필수적인 이유다.

여담으로 우리 삶에 큰 영향을 미치는 정치와 경제의 밀접성을 고려한다면 경제 공부의 필요성은 몇 번을 강조해도 모자람이 없다.

02
자본주의와 경제적 자원

이전 소단원에서 말했듯 경제를 제대로 모르고 자본주의 사회에서 경제활동을 하는 사람은 게임 규칙도 모른 채로 게임장에 들어간 호구와 같다. 호구는 현금흐름이 끊기거나 끊길 때쯤이 돼서야 현금흐름 생산수단의 중요성을 깨닫는다. 안타까운 사례를 예로 들면 보금자리를 위해 준비했던 돈이나 은퇴 자금 등 소중한 목돈을 가상화폐, 주식, 파생상품(e.g. DLS)에 넣었다가 날렸다는 이야기는 잊을 만하면 한 번씩 떠오르는 사회면 단골 뉴스다.

경제를 제대로 알아야 한다는 말이 모든 사람이 경제학 전공자들처럼 원론부터 시작해 수십 권의 전공 책을 전부 독파해야 한다는 말은 아니다. 물론 그럴 수 있다면 더할 나위 없겠지만 우리의 시간은 유한하다. 단, 자본주의가 무엇인지 만큼은 확실히 이해해야 한다. 여기서는 그중 가장 기초적이고 핵심적인 내용인 자본주의의 정의와 개념을 설명한다.

자본주의의 사전적 정의는 "생산수단을 자본으로서 소유한 자본가가 이윤 획득을 위하여 생산 활동을 하도록 보장하는 사회 경제체제"다.

'생산수단'과 '자본'이 무엇인지에 대해 생각해보자. 생산수단은 문자 그대로 무언가를 생산할 때 사용되는 도구다. 여기서 '무언가'는 일정 대가를 주고받음으로써 교환되는 상품product인 재화goods 또는 용역service을 의미한다. 재화는 눈에 보이는 물리적 상품, 용역은 눈에 안 보이는 무형적 상품으로 이해하자.

가령 라이브 재즈 바에서 바텐더가 만드는 음료는 재화고 밴드가 연주하는 라이브 공연은 용역이다. 라이브 재즈 바는 음료라는 재화와 라이브 공연이라는 용역을 판매해 현금흐름을 창출한다.

이제 조금 더 복잡한 자본에 관한 이야기다. 흔히 '자본[1]'이라고 하면 일반적으로 화폐를 떠올린다. 그러나 자본이 꼭 화폐를 의미하지는 않는다. 자본의 사전적 정의는 "재화와 용역의 생산에 사용되는 자산"이다. "상품을 만드는 데 필요한 생산수단이나 노동력을 통틀어 이르는 말"이라고도 한다. 위 정의들에서 주의 깊은 독자가 확인했을 대목은 2개다.

---

[1] 경제학의 자본capital은 회계학의 자본equity과는 다른 개념이다. 회계학에서 기업주가 출자한 자본금capital stock을 자기자본equity capital이라고 한다. 'equity'와 'capital'이 같은 뜻이면 'equity capital'은 '모찌떡'처럼 동어반복이 되므로 용어 자체가 성립할 수 없을 것이다. 영문 병기로 따로 구별하지 않는 한 본 책에서 말하는 '자본'은 경제학에서 말하는 자본, 즉 상품의 생산 요소를 의미한다.

① 두 정의 모두 자본을 '상품 생산 요소'라고 정의하고 있다.

② 어느 쪽에서도 '화폐'나 '돈'이라는 단어는 사용되지 않았다.

상품이 유형 상품과 무형 상품으로 나뉘듯 상품의 생산 요소인 자본 역시 유형 자원과 무형 자원으로 나뉜다. 그리고 "미래 현금흐름 창출을 위해 현재 사용 가능한 유·무형의 경제적 자원"을 '자산'이라고 한다. 라이브 재즈 바에서 사용되는 자산을 생각해보자.

일단 가게가 있어야 한다. 건물을 소유하거나 임차해야 한다. 그리고 손님에게 제공하는 유형 상품인 음식료를 만들려면 식자재가 있어야 한다. 마찬가지로 무형 상품인 음악 공연을 하려면 밴드가 있어야 한다.

이때 건물—또는 보증금—, 식자재, 음식료는 재즈 바의 유형자산이고 밴드[2]는 재즈 바의 무형자산이다. 참고로 아직 상품 생산에 사용되지 않은 자산과 판매되지 않은 상품을 재고자산이라고 한다. 냉장고에 보관 중인 식자재나 일일 판매량에 맞춰 미리 준비해둔 음식료가 재고자산에 해당한다.

정리하면, 자본이란—비단 화폐뿐만 아니라—"상품 생산에 필

---

[2] 엄격한 회계적 정의를 따르자면 밴드 자체는 무형자산이 아니다. 일반적으로 연예 기획사의 기업가치를 평가할 때는 소속 연예인의 전속 계약권을 무형자산으로 인식한다. 본문 예시의 경우 밴드의 전속 출연권을 무형자산이라고 볼 수 있다.

요한 모든 유·무형의 경제적 자원"을 통틀어 일컫는 말이다. 이를 개인의 재무 관점에서 한 번 더 정리하면, 자본이란 "자본주의 사회에서 현금흐름 창출에 필요한 모든 유·무형의 경제적 자원"이라고 볼 수 있다.

어렵게 생각할 필요 없다. 개인은 직원으로서 노동력을 기업에게 팔아 월급을 받는다. 기업은 직원의 노동력과 공장 설비를 이용해 생산한 상품을 소비자에게 팔아 이익을 남긴다. 기업으로서는 직원의 노동력이든 공장 설비든 생산수단으로서의 경제적 자원이라는 점에서 크게 다르지 않다.

라이브 재즈 바를 다시 예로 들면 테이블 위에 알코올과 시럽을 올려둔다고 저절로 판매 가능한 칵테일이 되는 게 아니다. 재료를 적절한 비율로 섞고 손님들에게 퍼포먼스를 보일 바텐더의 노동력이 필요하다. 월급을 주고 고용하는 바텐더든 대금을 치르고 납품받는 식자재든 사장 입장에서는 모두 판매 상품인 술과 음식을 생산하는 데 필요한 경제적 자원이다.

즉, 노동력 역시 화폐와 마찬가지로 중요한 자본이다. 속칭 '돈맛'을 본 주린이들이 근로소득의 중요성을 평가절하하는 경우를 더러 본다. 차후 자세히 다루겠지만 굉장히 잘못된 생각이다. 노동력은 모든 사람이 갖고 태어나는 가장 기초적인 경제적 자원이자 개인이 자기 계발에 얼마나 투자했느냐에 따라 효율성이 극단적으로 달라지는 경제적 자원이다.

예를 들어 노동력을 카페 아르바이트 직무에 투입하면 시간당 1만 원 남짓의 현금흐름을 창출한다. 그러나 같은 시간의 노동력도 세계 3대 전략컨설팅 회사의 컨설턴트나 우리나라 6대 법률사무소의 변호사 직무에 투입하면 시간당 수십만 원의 현금흐름을 창출한다. 물론 예시를 위한 극단적인 비교다. 그러나 위 직무뿐만 아니라 일타강사·약사·치과의사·의사 등 투입 시간 대비 상당한 수준의 현금흐름을 창출하는 사람의 수는 우리나라로만 한정해도 수천수만 명에 달한다. 당장 내가 아는 사람만 따져봐도 수십 명이다. 흔하지는 않지만 그렇게까지 희귀하지도 않다.

전문직을 예찬하고자 함이 아니다. 고소득 전문직이라 해도 앞서 언급했듯 시간은 유한하고 모두에게 공평하다. 여러 경제적 자원 중 시간당 노동력만을 상품 생산 요소—자본—로 사용하는 현금흐름 창출에는 필연적 한계가 있다. 다만 모든 사람에게 공평하게 주어진 시간과 노동력도 개인이 이를 어떻게 계발하고 사용하냐에 따라 효과가 완전히 달라지는 점을 말하고 싶을 뿐이다.

자본이 무엇을 의미하고 무엇을 가리키는지 제대로 이해하는 건 우리가 가진 것(What)이 무엇인지 정확히 파악한다는 점에서 매우 중요하다. 자신이 무엇을 가졌는지조차 제대로 모른다는 말은 자신이 쥔 카드 패가 전부 몇 장인지도 모른다는 의미다. 당연히 게임의 규칙을 모르는 사람과 마찬가지로 호구가 되는 길이다.

What을 파악한다는 게 어떤 의미인지에 대해서는 조금 뒤에
한 번 더 자세히 설명하겠다.

03
고난도 자본주의 게임

이전 소단원에서 자본을 "자본주의 사회에서 현금흐름 창출에 필요한 모든 유·무형의 경제적 자원"이라고 설명했다. 이런 자본주의의 기초적인 사실관계를 표현한 수식이 '생산함수'다. 우상향하는 생산함수 곡선 $Y=f(K,L)$에서 종속변수 생산량(Y)을 결정짓는 두 독립변수는 돈[3](K)과 노동력(L)이다. 변수들의 이름에서 쉽게 알 수 있듯 종속변수 Y는 독립변수 K와 L에 대해 각각 양(+)의 상관관계를 갖는다. 그렇다면 Y를 증가시키려면 어떻게 해야 할까? 너무나 당연하게도 K를 증가시키거나 L을 증가시키거나 K와 L을 모두 증가시키면 된다.

---

[3] 본문에서는 독자의 직관적인 이해를 위해 '돈'이라고 표현했으나 경제학 교재에서 K는 '자본'이라고 표현되며 고정 생산 요소를 의미한다. 이전 소단원에서 간략히 언급했듯 경제학의 자본capital과 재무회계학의 자본equity이 각각 의미하는 바가 달라 독자의 혼동을 막고자 일부러 해당 표현을 쓰지 않았다. 일상 단어 중에서는 '금융자본'이, 회계 용어 중에서는 '자본금' 또는 '유형자산'이 경제학의 자본과 비슷한 격이다. 현금과 현금성 자산도 유형자산의 한 종류다.

수식에 지레 겁먹지 말자. 롤플레잉 게임을 생각해보면 이해가 쉽다. 처음 계정을 만들어 '본캐'를 키울 때면 흰옷과 나무칼만 갖고서 토끼나 달팽이 따위를 잡을 때 나오는 '잡템'을 모아 근근이 골드를 마련하는 속칭 '노가다'를 반복한다.

그러나 시작은 초라하더라도 오랜 시간을 들여 고레벨이 되면? 웬만한 아이템은 거들떠보지도 않고 화려한 이펙트가 터지는 스킬샷을 사용해 용이나 악마 따위를 사냥한다. 노동력(L)만을 이용해 캐릭터(Y)를 육성하는 경우다. 하지만 두 번째나 세 번째 계정, 즉 '부캐'부터는 어떤가. 본캐로 벌어놓은 게임 머니(K)를 사용해 온갖 아이템을 다 맞춰놓고 시작한다. 당연히 본캐에 비해 성장이 압도적으로 빠를 수밖에 없다.

본캐가 없다면? 게임 머니 대신 현실의 화폐를 사용해 '캐시템'을 사거나 인터넷에서 아이템을 '현질'해도 같은 효과를 볼 수 있다. 본캐로 벌어놓은 게임 머니를 사용하든 현질을 하든 두 경우 모두 노동력(L)뿐만 아니라 돈(K)까지 이용해 캐릭터(Y)를 육성한다.

이렇듯 게임 캐릭터를 키울 때도 자본주의의 원리가 적용된다. 노동력만을 투입해 캐릭터를 육성할 때에 비해 노동력과 돈을 모두 투입할 때 캐릭터의 육성 속도가 월등하게 빠르다. 마찬가지로 현실에서도 노동력만을 투입해 자산을 증식시키는 것에 비해 노동력과 돈을 모두 투입해 자산을 증식시키는 것이 훨씬 빠르다. 소위 '수저계급론'이 현대 경제학계의 최대 화두 중 하나가 된 이유다.

몇 년 전부터는 우리나라 정치권에서도 '경제민주화'를 놓고 계속해서 갑론을박이 벌어지고 있다. 수저계급론과 경제민주화 역시 굉장히 흥미로운 논제들이고 나 또한 나름의 생각이 있으나 책의 지면이 모자라므로 여기에 적지는 않겠다. 해당 사안을 깊게 고찰해보고 싶다면 『국부론』과 『공산당선언 The Communist Manifesto』 일독을, 적당히 생각해보고 싶다면 『자본주의와 자유 Capitalism and Freedom』, 『유한계급론 The Theory of the Leisure Class』, 『노예의 길 The Road to Serfdom』, 『불평등의 대가 The Price of Inequality』 일독을 권한다.

본론으로 돌아와 앞서 언급한 것처럼 자본이란 "자본주의 사회에서 현금흐름 창출에 필요한 모든 유·무형의 경제적 자원"이다. 생산함수의 개형에서 보았듯 돈(K) 또는 노동력(L)만으로도 생산량(Y)을 증가시킬 수 있으므로 '자본가'란 "자본을 생산수단으로 소유한 사람", 즉 "돈(K)과 노동력(L) 또는 둘 다(K,L)를 생산수단으로 소유한 사람"이다.

흔히 사업가만을 자본가라고 부르는 경향이 있다. 하지만 생산함수의 한 축에 해당하는, 엄연한 경제적 자원인 노동력을 생산수단으로 사용하는 노동자 역시 자본가다. 생산직이든, 6대 전문직이든, 전문 경영인이든, 기업 창업주든 직무와 직종에 따라 육

체노동과 정신노동의 비중이 다를 뿐 개인의 노동력을 생산수단으로 사용한다는 점은 똑같다. 즉, 자본주의 사회에서 경제활동을 영위하는 모든 사람은 노동자인 동시에 자본가다.

그러나 돈도 생산수단으로 사용하지 않는 노동자는 반쪽짜리 자본가다. 돈은 노동력만큼 혹은 노동력 이상으로 중요한 경제적 자원이다. 축적 자본인 돈과 소비 자본인 노동력을 둘 다 사용해 현금흐름을 창출하는 노동자만이 진짜 자본가라고 할 수 있다. 그런 의미에서 사업가는 진짜 자본가다.

자본주의 사회는 주어진 한정된 자원을 활용해 자산을 최대한 증식시키는 게임이다. 그러나 게임 참가자 대부분은 돈과 노동력을 모두 사용해 현금흐름을 창출하는 진짜 자본가로 살 생각을 안 하거나 시도할 엄두를 못 낸다. 그 결과 대부분이 노동력만을 사용해 현금흐름을 창출하는 노동자 또는 반쪽짜리 자본가로 살아간다.

자본주의 사회는 물려받은 자본이 없다면 진짜 자본가가 되기도 어렵고 진짜 자본가가 된 이후에도 긴장을 놓을 수 없는 고난도 게임이다. 크게 세 가지 이유가 있다.

① 참가자 의사와 무관하게 강제 진행된다.

사람 없는 깊은 숲속이나 섬에 들어가 원시인처럼 살면서 자급자족하지 않는 이상 이 게임을 피할 방법이 없다.

② 순간의 선택에 따라 결괏값이 엄청나게 달라진다.

살면서 여러 선택을 하지만, 특히 중·고등학생 때 내린 선택으로 발생하는 20대 초·중반의 차이는 치명적이다. 이때의 선택으로 결정되는 학부 간판에 따라 경제활동 초반 시기의 가장 큰 현금흐름인 근로소득에 엄청난 차이가 생긴다. 문제는 학부 간판으로 결정되는 근로소득의 규모가 웬만해선 시간이 지나도 크게 변하지 않는다는 점이다. 우리나라뿐만이 아니다.[4] 사람 사는 곳 다 똑같다.

최종 학력별 임금격차가 제일 심한 나라는 '자본주의 끝판왕' 미국이다.

③ 자칫 잘못하면 실수 한 번에 다 날아간다.

게임 참가비를 모두 잃으면 실제로 사망하거나 이에 준하는 신용 불량자가 된다. 자본주의의 사상적 토대는 신용—또는 계약—이다. 개개인 간에도 그렇고 개인과 국가 간에도 그렇다. 자본주의 사회에서 신용 불량자 낙인은 경제적 사망 선고나 다름없다.

---

[4] 하버드대Harvard University 면접 때 질문이 있냐길래 "정치학 전공 후 로스쿨 안 가면 (문과 출신이) 무슨 일을 할 수 있나요?"라고 물었다. 나는 떨어졌지만 면접관의 확신과 자부심 가득한 표정은 지금까지 선명하다. 생전 처음으로 '평등한 사회'라는 미숙한 환상이 깨진 순간이었다.
"Anything. Anything you want. Harvard guarantees it."
(네가 원하는 무슨 일이든 할 수 있다. '하버드'라는 이름이 보장한다.)

물려받은 자본이 없다면 최소한 자신이 획득한 자본을 지키고 이를 불리는 법은 알아야 한다. 자본주의 사회는 정글과 같다. 돈을 사용하는 방법을 모른 채로 노동력만 사용하는 반쪽짜리 자본가는 맹수의 사냥감이 될 수밖에 없다. 풍족하고 안락한 삶은 둘째 치고 자본주의의 콘크리트 정글에서 살아남기 위해서라도 모든 자본주의 게임 참가자는 노동력뿐만 아니라 돈도 생산수단으로 사용하는 법을 익혀야 한다.

노동력뿐만 아니라 돈도 생산수단으로 사용한다는 말은 나 혼자 일하는 게 아니라 내 돈도 일하게 만든다는 의미다. 그리고 돈을 일하게 만들어 현금흐름을 창출하는 가장 대표적인 방식은 투자다. 사업가가 아니라면 자신의 돈을 일하게 만드는 유일한 방식이기도 하다. 상경 계열 전공자나 금융 계통 종사자가 아니더라도 자본주의 사회에서 사는—또는 살기로 선택한—사람이라면 누구나 투자를 공부해야 하는 이유다.

참고로 자본주의 게임에서 타인의 돈까지 생산수단으로 사용할 수 있게끔 도와주는 도구를 금융상품이라고 한다. 금융상품의 대표적인 예는 대출과 출자다.

04
자본주의를 대하는 네 가지 자세

다소 딱딱하게 느껴질 수 있는 여기까지의 내용을 중도 포기 없이 모두 다 읽었다면 자본이 무엇인지, 자본주의 사회에서 산다는 게 어떤 의미인지, 자본주의 사회에서 경제와 투자 공부가 왜 필수적인지 이해했을 것이다.

그렇다면 이제 '자본주의 체제를 거부하느냐, 아니면 용납하느냐'라는 두 가지 선택권과 이에 따른 네 가지의 세부적인 실천 방안이 남는다. 자신에게 맞는 선택지를 고르면 된다.

자본주의 체제를 거부할 경우 두 가지 실천 방안이 있다.

① 천민자본주의로 황폐해진 현대 문명사회를 저주하는 문명혐오론자 테러리스트가 된다.
② 수저의 대물림과 자본가들을 저주하는 노동계급 투쟁사상가가 되어 우리나라의 공산화를 시도하거나 월북한다.

자본주의 체제를 용납하는 경우에도 두 가지 실천 방안이 있다.

③ R=VD 따위를 좇는 성실한 근로자 또는 YOLO를 외치는 자포
자기한 근로자가 되어 자본주의 게임판의 호구로서 계속 자신
의 자본을 수탈당한다.
④ 자신이 현재 가지고 있는 자본을 정확히 파악한 후 가장 효율
적인 자본 사용법을 끊임없이 공부하고 활용한다. 즉, 반쪽짜
리 자본가에서 진정한 자본가로의 변신을 꾀한다.

본 책은 자본주의가 쌓아 올린 콘크리트 정글에 던져진 2030
을 위한 책이다. 자산 증식 기회가 똑같이 주어지지 않은 불공평
한 사회에서 노동력 외에는 별다른 자본 없이 태어난 2030을 위
한 책이다. '그럼에도 불구하고' 반쪽짜리 자본가가 아닌 진정한
자본가가 되기 위해 노력하는 모든 2030을 위한 책이다.

"난 노동력 말고는 부모로부터 물려받은 자본이 없는데 어쩌
란 거냐"라고 불만을 가질 수 있다. 타고난 수저에 따라 출발선
이나 자산 축적의 속도에 극심한 차이가 있는 것은 나도 잘 알고
어느 정도는 직접 겪기도 했다.

그러나 이런 불평불만은 늘어놓자면 한도 끝도 없다. 세상은
원래 불공평하고 역사적으로도 항상 그래왔다. 그렇게 계속 따
지다 보면 자신이 세상에 태어난 것부터 문제라는 결론에 도달

한다. 이런 식의 자기 파멸적 고뇌는 아무짝에도 쓸모가 없다.

외부 상황은 통제할 수 없어도 상황에 대한 자신의 대응은 통제할 수 있다. '불공평한 세상'은 자신이 통제할 수 없는 외부 상황이다. 이런 역사적 사실에 가까운 외부 상황에 집중해 자기 파멸적 고뇌에 매몰되면 안 된다. 그보다는 현재 자신이 선택할 수 있는 대처 방안이 무엇인지 파악하고 이에 집중해야 한다. 유의미하거나 유익한 결과가 나올 만한 일에만 시간을 쓰자.

패배자는 자신이 실패할 수밖에 없는 합리적인 이유를 찾는데 골몰하지만, 승리자는 자신을 실패로 이끌 수 있는 요인들이 산적한 가운데서도 '그럼에도 불구하고' 성공할 수 있는 방법을 찾기 위해 노력한다.

본 책을 읽는 주린이들도 나와 같은 결정을 내렸다면 현실의 불공평함은 빌 게이츠가 한 말이라고 잘못 알려진 미국 시인 무리엘 스트로드Muriel Strode의 명언 "가난하게 태어난 건 창피한 일이 아니다. 계속 가난하게 사는 걸 창피해하라"로 일단 덮어두자. 그 대신 아일랜드 작가 오스카 와일드Oscar Wilde의 명언에 귀 기울이자.

"내가 젊었을 때는 삶에서 가장 중요한 게 돈인 줄 알았다. 나이가 들고 보니 정말 그렇더라."

돈으로 평안함은 못 사도 편리함은 살 수 있다.

05
고학생의 첫 주식투자

주식투자에 관심을 두게 된 계기는 개인마다 다양할 것이다. 나는 초등학교 도서관에서 우연히 접한 로버트 기요사키Robert Kiyosaki의 『부자 아빠 가난한 아빠Rich Dad and Poor Dad』에서 "학벌과 자산 규모는 상관없다! 무엇보다도 현금흐름을 창출해내는 방법에 관한 공부, 즉 투자를 공부해야 한다!"라고 단호하게 주장하는 내용을 접한 것이 계기였다. 이후 투자가 뭔지도 잘 모르면서 투자에 대한 환상을 갖게 됐다.

다소 막연한 이 환상은 조금씩 나이가 들면서 경제학 전공이라는 선택으로 구체화됐다. 이후 분야를 불문하고 자료를 편집증적으로 수집하고 분석하는 걸 좋아하고 이를 기반으로 미래 예측하기를 즐기는 천성과 맞물려 자연스레 투자에 관심을 두게 됐다.

나처럼 사소한 계기나 타고난 성향이 있을 수도 있고 개인적인 동기가 없어도 2008년 서브프라임 사태로 촉발된 금융 위기,

2016년 '청담동 주식부자' 구속 사태로 정점을 찍은 유사투자자 문업 사기 사례, 2017년 암호통화cryptocurrency 열풍 혹은 2020년을 강타한 '동학개미운동' 같은 사회적 사건에서 파생된 계기가 있을 수도 있다.

하지만 계기가 무엇이든 증시에 뛰어들려는 사람들 절대다수의 목적은 결국 더 많은 돈을 최대한 빨리 버는 것이라 추측한다. 내 편견일 수 있겠으나 그래서인지 갓 투자를 시작한 초보 투자자들은 "무슨 종목을 사야 하느냐"에만 초점을 맞춘다.

처음에는 나름대로 차트에 선도 그어보고, 그다음에는 주식으로 얼마를 벌었다는 사람의 책이나 강의도 사보고, 어떤 방법으로든 스스로 분석해보고자 하는 여러 시도를 해본다. 그러나 대부분은 대박을 찾는 데 실패하고 "주식시장은 순 도박판에 투자는 노름과 다를 게 없고 기관은 개미들 등쳐 먹는 작전 세력의 앞잡이들"이라 욕하며 증시를 떠나거나 매수가와 매도가를 실시간으로 찍어주는 유사투자자문업자를 찾는다. 마지막 이야기를 빼면 전부 내 경험담이기도 하다.

나는 미국 유학 비용을 스스로 벌어서 다녔다. 아르바이트로 용돈을 벌어서 썼다는 의미가 아니다. 고등학교 졸업 이후 부모님한테는 문자 그대로 단 10원도 받지 않았다. 성적 우수 장학금을 받은 덕에 가장 큰 비용인 학비 대부분은 해결이 됐다. 그러나 기숙사비·식비·유학생 보험료·비행기 푯값 등 학비를 제하고도 연 수천만 원의 비용은 자력으로 충당해야 했다.

2년 차부터는 조교tutor로 근로 장학금을 받아 그나마 조금 편하게 공부했으나 입학 첫해에는 할 수 있는 아르바이트가 식당 일밖에 없었다. 아침 6시부터 8시까지 학교 식당에서 일한 후 아침 먹고 수업을 들었고, 수업이 끝나면 도서관에서 복습하다가 저녁 먹고 다시 2시간가량 학교 식당에서 일한 후 새벽까지 공부했다.

이런 상황에서 정치철학·경제학·수학 세 과목의 전공 수업까지 꽉 채워서 듣고 있었다. 부정기적인 과제와는 별도로 매주 쪽지 시험 2개를 치고 페이퍼 하나를 써야 했다. 정치철학 지도 교수가 "큰일 나기 전에 아르바이트 좀 줄이라"라고 화를 내고는 행정처로 쳐들어가 내가 받는 연간 장학금의 한도를 늘려달라며 담당 부서 직원들과 강도 높은 언쟁을 벌일 정도였다.

이렇게 누가 봐도 무리한 생활을 지속하다 보니 다년간 격투기로 다진 체력인데도 몸이 조금씩 고장 나기 시작했다. 한 번은 공부 도중 목 디스크에 문제가 생겨 갑자기 책상 위로 엎어졌다. 한동안 수업도 못 가고 방에 누워만 있었다. 정신력으로 버틸 수 있는 한계조차 넘어선 것이다. 모교의 비인권적인 학업 강도나 구구절절한 고학 생활을 늘어놓자면 한도 끝도 없으니 이만 줄이겠다.

어쨌든 주경야독은 나처럼 평범한 소시민 말고 후세 사람들이

위인전을 만들어줄 만한 사람이나 할 수 있다는 결론을 내렸다. 일과 공부를 병행하자니 A 학점이 불투명한 상황이었다. 여기에 건강까지 나빠지자 일하면서 학교 다니는 건 도저히 안 되겠다 싶었다.

"시간을 최소한으로 들이면서 학비를 마련할 방법이 없을까?"

힘겹게 첫해를 마무리한 후 방법을 궁리하던 중 전공 공부와 오랜 흥미를 살려 주식투자 시작을 진지하게 고민하게 됐다.

앙드레 코스톨라니 Andre Kostolany가 "깡통을 두 번은 차봐야 투자를 이해하게 된다"라고 한 말이 투자 격언처럼 떠받들어진다. 그러나 이 말은 나에게만큼은 해당 사항이 없었다. 내가 학교를 계속 다니려면 깡통은커녕 무조건 수익을 내야 했다.

조지 소로스 George Soros도 식당에서 접시 닦고 남은 음식 얻어먹으면서 어렵게 대학을 마쳤다고 하니 힘든 건 청춘이니까 아픈 셈 치고 '노오오오력'으로 극복할 수 있었다. 그러나 나는 외국인 유학생 신분이라 학교 식당이 아니면 아르바이트도 할 수 없었다. 노동으로 벌 수 있는 돈의 한계가 명확했다. 웃긴 건 우리나라에서는 반대로 유학생이라는 이유로 학자금 대출이 안 나왔다.

주식투자와 별 상관없어 보이는 개인적인 상황을 자세히 서술한 이유는 내가 당시 유일한 해결책이라고 생각했던 주식투자를 시작할 때 얼마나 절박했는지 알리기 위함이다.

나는 단 한 번의 깡통도 없어야 했고, 복리의 마법을 기다릴 시간이 없었고, 20대 초반에게는 엄청난 금액인 연간 수천만 원의 비용을 충당하기 위해 단기간에 최대한 많은 수익을 내야 했다.

절박함이 목을 죄어오는 초조한 마음만 가득한 채로 뛰어든 첫 실전 투자는—당연하게도—실패로 끝났다.

06
주식투자 수익금은 불로소득이 아니다

첫 실전 투자에서 패배했으나 "손절선을 확실히 지켜라", "신용미수만 안 써도 깡통은 면한다" 등의 증시 격언은 충실히 지켰다. 그 덕에 손실 규모 자체는 크지 않았다. 100만 원 정도의 손실이었다. 간접 경험이 한 번 살린 셈이다.

하지만 이 기간에 날린 기회비용까지 감안하면 전반적으로 큰 손해였다. 나에게 부족했던 점이 무엇인지 반추해보니 무수히 많은 문제가 있었다. 그중 '일부'만 나열해 보겠다.

① 투자를 겉핥기로만 배웠지 제대로 공부한 적이 없었다.
② 깊은 공부가 없던 경제학을 전공자라는 이유로 잘 안다고 착각했다.
③ 수많은 사례가 쌓여 체계화된 기존 이론들을 무시했다.
④ "다들 하는 주식인데, 나도 하다 보면 금방 배우겠지"라는 근거 없는 자신감이 가득했다.

⑤ 모의 투자 수익률을 실제 투자 수익률로 착각했다.

⑥ 주식은 책으로 배울 수 없다는 자칭 전문가들의 말에 휘둘려 일단 증권 계좌를 만들고 실전 매매부터 뛰어들었다. 거래 회전율 수천 퍼센트의 매매를 하며 수익 대부분을 거래 수수료로 토해냈다.

⑦ 고수들이 만들어놓은 기법만 그대로 사용하면 고수들만큼 수익을 낼 수 있을 거라고 안일하게 생각했다.

⑧ 모든 투자 대가들이 입 모아 강조한 투자철학의 중요성은 따분하고 공허한, 실용성 없는 조언으로 치부했다.

투자에 대한 나의 이해도가 얼마나 미천했는지, 그리고—제대로 공부한 적이 없으니—나는 아는 게 하나도 없었다는 당연한 사실을 실제 계좌로 깨져보고야 깨달았다. 메타 인지를 통해 주제 파악을 한 것이다.

주식투자를 도박처럼 하는—주제 파악을 하기 전의 나와 같은—사람들이 왜 투자에 실패하는지도 이해했다. 실제 타짜였던 장병윤 씨의 이야기를 소재로 삼은 허영만 화백의 만화 『타짜 1』에 나오는 호구들의 패턴과 완전히 똑같다. 수많은 명대사가 회자되는, 원작 만화만큼 호평을 받은 영화 「타짜」로 이야기를 해보겠다.

「타짜」의 주인공 '고니'(조승우 분)는 진정한 타짜로 성장하기까지 크게 세 과정을 거친다.

첫 번째는 가난한 고니가 화투판에 발을 들이는 과정이다. 일확천금을 노리고 동네 화투판에 끼어든 고니는 3년간 가구 공장에서 모은 돈을 다 잃고 총알이 부족해서 졌다고 생각한다. 고니는 몰래 훔친 누나의 이혼 위자료마저 모두 날리고 야반도주한다.

고니   "끗발이 안 오른다, 끗발이. 돈이 적어서 그런가?"

두 번째는 고니가 조금씩 타짜로 변신하는 과정이다. 전국의 노름판을 전전하던 고니는 우연한 기회로 대한민국 3대 타짜 중 한 명인 '평경장'(백윤식 분)을 스승으로 모시고 혹독한 훈련을 받는다. 화투패를 항상 쥐고 있으라는 평경장의 엄명에 고니는 밥을 먹을 때조차 화투패를 놓지 않고 기법을 연마한다.

평경장   (벚꽃을 가리키며) "너 저게 뭐로 보이니?"
고니   "화투짝 3이요. 사쿠라?"
평경장   "……너도 슬슬 미쳐가는구나."

세 번째는 고니가 마침내 진정한 타짜가 되는 과정이다. 평경장의 혹독한 훈련 끝에 마침내 기법을 통달한 고니는 "눈보다 빠른" 손기술로 전국구급 타짜가 된다. 그러던 어느 날 고니는 또

다른 대한민국 3대 타짜인 '경상도 짝귀'(주진모 분)를 만난다. 완숙한 기법으로 상대를 완벽히 속여 넘겼다고 생각했던 고니는 오른손조차 없는 짝귀에게 깨끗이 박살 나고 가르침을 청한다.

고니	'별 기술은 없어 보이는데… 뭐야, 이거?' (중략)
짝귀	"자네도 잘하잖아?"
고니	"잘하죠. 근데… '이 타이밍에 나한테 구라를 치고 있다' 이걸 어떻게 아십니까?"
짝귀	"그 사람의 마음을 읽어야지. 화투는 손이 아이야. 마음으로 치는 기지."

첫 투자 실패에서 드러난 약점을 보완하기 위해 고수들이 공부하라는 건 묻지도 따지지도 않고 무식하게 다 공부했다. 평경장의 가르침대로 손바닥이 짓물러지도록 손기술을 갈고닦은 고니처럼 말이다. 어느 분야든 제대로 된 선생이 하라는 대로 해야 실력이 가장 빨리 는다.

일단 복학 후 대학원 과정의 화폐통화론 수업을 들으며 거시 이론을 심도 있게 공부했다. 금융시장에 직접적이고 막대한 영향을 끼치는 금리를 한층 깊게 이해하기 위함이었다. 경제학 전공서와는 별도로 주식투자에 도움이 될 만한 것이라면 기술적 분석이든 가치평가든 가리지 않고 닥치는 대로 공부했다.

저명한 국내외 제도권 대가들이 직접 쓴 책들은 물론이고 그들이 추천한 책들과 소위 '재야 고수'라 불리는 전업투자자들의 인터넷 게시글들까지 모조리 다 읽었다. 제도권 출신의 1세대 차티스트에게 개인적으로 받은 조언대로 거래는 일절 않고 몇몇 종목의 수년 치 차트만 계속해서 보기도 했다. 공부하며 떠오른 단상과 질문들을 공책에 정리한 후 논리를 검정하고 여러 방면으로 다시 숙고했다.

그리고 이해한 바를 시장에서 실제로 적용할 수 있는지 확인하기 위해 수백 개의 모델을 백테스트back test하며 이론과 현실의 괴리를 줄여나갔다. 확실한 근거에 의해서만 매매하기 위해 확실해 보이는 것들도 끊임없이 의심하고 타당성을 따지는 습관을 들였다.

무엇보다도 냉정한 판단력을 유지할 수 있게끔 멘탈 관리에 신경을 썼다. "종목과 사랑에 빠지지 말라"는 조언대로 믿는 걸 보는 게 아니라 보는 걸 믿으며 객관적 시선을 유지하는 훈련을 했다.

실제 매매에서는 매몰비용의 오류Sunk Cost Fallacy[5]를 경계하며 오랜 기간 조사했거나 보유한 종목이더라도 분석 당시 예상에 맞춰 수립한 전략과 달라지는 부분이 있으면 바로 매도했다.

---

[5] 예상 편익이 작음에도 과거에 투자한 비용이 아까워서 하게 되는 행동이다.

첫 실전 투자 이후 이런 방식으로 절치부심하며 부족한 공부를 채웠다. 메워야 할 부분이 많았기에 준비 기간도 오래 걸렸다. 약 2년을 소액만 굴리면서 시장을 관찰했다. 자나 깨나 주식 생각만 하니 길가에 핀 벚꽃도 '사쿠라'로 보이던 고니처럼 모든 걸 주식으로 연결해 생각하게 됐다.

'금리를 또 안 올리면 평소처럼 호재로 작용할까, 아니면 시장의 우려감이니 악재일까?'

'이번 정책이 어느 산업에 영향을 줄까? 대장주가 뭐더라?'

'요즘 저 제품이 많이 보이네? 어디 회사 물건이지? 상장사인가?'

이런 사고방식이 익숙해진 후에야 증시가 어떻게 움직이는지 감을 잡았다는 판단이 섰다.

"딱 한 번만 더 해보고 안 되면 접자. 이렇게까지 공부했는데도 안 되면 재능이 없거나 아직 돈 벌 때가 아닌 거다."

두 번째 투자에서는 보수적으로 접근해 원칙을 지킨 매매만 했다. 그리고 +101%—해당 기간 코스피 대비 +72%—의 수익률로 첫 실전 투자의 설욕을 할 수 있었다.

블루칼라 세대의 노동에만 익숙한 사람들, 특히 자문료나 로열티 등 지식재산에 대한 적절한 사용료를 지불하는 문화에 익숙하지 않은 우리나라 사람들은 주식투자를 통해 얻는 수익을 마우스 몇 번 클릭해 쉽게 버는 불로소득이라 여기는 경향이 강하다.

하지만 이건 분명 어폐가 있다. 불로소득이란 힘을 들여 일하지 않고不勞, 즉 노력을 하지 않고 벌어들이는 소득이다. 그러나 내 경험담에서 보이듯 주식투자는 절대로 노력 없이 수익을 낼 수 없다. 단기적으로 몇 번이라면 몰라도 장기적으로는 절대 불가능하다.

나는 증시를 노름판에 빗대거나 투자를 도박으로 치부하는 사람들 열 중 여덟은 제대로 된 투자 공부 없이 일확천금에 눈이 멀어 뇌동매매하다 깡통 찬 사람들이고 나머지 둘은 아예 증권 계좌를 만들어본 적도 없는 사람들이라고 확신한다. 그렇지 않다면 자본주의 사회에 살면서 자본주의의 꽃인 금융시장을 그런 식으로 매도할 수 있을까?

백번 양보해서 주식투자가 정말 도박과 하등 다르지 않은 행위라고 쳐보자. 하지만 도박에도 종류가 있다. 주식투자의 중요성을 평가절하하는 사람들이 지칭하는 도박이란 확률 계산과 심리 분석이 중요한 블랙잭이나 포커가 아니다. 순전히 운에 의존하는 슬롯머신이다. 블랙잭 선수나 포커 선수가 남의 감나무 밑에서 입 벌리고 누워만 있는 불한당들인가? 심지어 민속놀이와 도박 사이의 어디쯤 위치하는 화투의 '참꾼[6]'들조차 각 패의 확률과 게임 참가자들의 심리 등을 끊임없이 연구하며 승률을 높

---

[6] '구라' 없이 대결하는 도박사를 가리킨다.

이기 위해 노력한다.

물론 투자의 성패에 운도 큰 요소로 작용하는 것은 부인할 수 없다. 전설적인 투자자 워런 버핏Warren Buffet의 스승으로 유명한 가치투자의 창시자 벤저민 그레이엄Benjamin Graham도 대공황 때는 반토막을 당했다. "여의도에는 개도 1만 원짜리만 물고 다닌다"라는 말이 돌던 1990년대 말의 기술주 거품 시기에는 누구나 주식을 사기만 하면 돈을 벌었다.

하지만 이런 특수한 사례들을 일반화하면 안 된다. 자신이 투자 공부를 안 하고 슬롯머신 당기듯 아무 생각 없이 매수매도 버튼만 누르다가 깡통 찬 후 "주식투자는 도박"이라고 싸잡아 폄훼하는 건 명백한 오류다. 비공식적 통계로 우리나라 증권 계좌 중 수익을 내는 증권 계좌 비율이 3%에 불과한 이유가 있다고 본다.

주식투자는 운과 기세로 승부를 보거나 총알이 모자라서 수익을 내지 못하는 근본 없는 잡기가 아니다. 물론 날고 기는 포커 선수라 하더라도 속칭 '개패'를 받으면 죽을 수밖에 없다. 주식투자 역시 앞서 언급했듯 운이라는 요소가 무시할 수 없는 영향을 끼친다.

그러나 그렇다고 해서 많은 시간과 노력을 들여 주식투자를 공부했는데도 운이 없다는 이유 하나만으로 계속 손실을 내진 않는다. 막대한 현금 동원 없이는 수익을 낼 수 없고 투자의 결과는 순전히 운에 달렸다는 식의 과금성 게임 취급은 터무니없는 비약이다. 투자는 운칠기삼도 실탄 싸움도 아니다. 분석·예측·대응의 영역이다.

같은 맥락에서 주식투자는 일확천금의 수단도 아니다. 몇 년 만에 수천만 원으로 수백억 원을 벌었다느니, 수익률 몇 만 퍼센트를 찍었다느니 하는 사람들이 끊임없이 등장해 "야나두! 야너두!"를 외치며 주린이들을 자극한다. 이런 사람들은 운이나 머리가 혹은 둘 다가 탁월하게 좋은 경우다. 객관적이고 냉정하게 자신을 판단해보자. 기본적으로 운의 영향력이 적지 않은 증권시장에서 순수한 두뇌 싸움을 벌인다면 자신이 상위 1%도 아니고 한 손가락에 꼽히는 성공 사례를 만들어낼 자신이 있는가?

애초에 몇 년 동안 주식투자로 수백 배를 불렸다고 말하는 사람들이 주식투자를 했던 시절과 지금은 경제성장률부터 다르다. 그래서 저금리·저성장 시대의 평범한 소시민인 나는 저런 사람들을 닮으려는 시도 자체를 안 했다.

07
주식투자에 '짬바'는 없다

내가 두 번째 실전 투자에서 수익률 101%를 달성했을 때 목표는 '월 수익률 0% 이상, 운 좋으면 5% 정도'였다. 한마디로 '잃지 않는 투자'를 최종 목표로 삼았다.

기대 이상의 결과를 내기는 했다. 그러나 처음 기대 수익률의 최댓값―약 80%―을 초과한 나머지 수익률은 순전히 운이었다. 그런데 정작 투자에서 오랜 기간 손해를 본 사람들은―직접 투자 상담을 해준 경우에 한정하더라도―대부분 '일 수익률 10%' 같은 꿈에나 나올 법한 수익률을 아무렇지 않게 생각한다. 일수를 한 번 써보면 '매일 10%'가 얼마나 큰지 알게 될 텐데.

차분히 설명을 해줘도 "한 달에 2~3%씩 벌어서 언제 목돈을 만드느냐"라고 시큰둥해했다. "월 50만 원씩 구독료를 냈던 단톡방에는 10%씩 오르는 종목을 매일 찍어주는 전문가가 있었다"라면서 계속 오컬트적인 수익률을 내는 비법을 묻길래 "정말 그런 비법을 아는 사람이 있으면 저한테 소개해주세요. 제가 가진

재산을 전부 팔아서라도 그 사람 강의는 꼭 듣고 싶네요"라고 대답해주고 상담을 중단한 적도 있다. 참고로 이 사람은 본인 주장에 따르면 주식투자 경력이 10년이 넘는다고 했다.

이 사례처럼 "무슨 종목을 사야 하냐"라는 평면적인 질문에만 골몰하면 투자 경력이 아무리 길어도 투자 실력이 늘지 않는다. 그럼 투자 실력을 올리려면 어떻게 해야 할까?

우리가 중학교 물리 시간에 '작크방'으로 외웠던, "일의 양은 물체에 작용한 힘의 크기와 물체가 힘의 방향으로 이동한 거리의 곱"이라는 원리는 여기서도 적용된다. 나름 잘나가던 대치동 전임강사 출신으로서 단언컨대, 재수·삼수한다고 전부 서울대 가는 게 아니다. 투자 공부도 입시 공부와 마찬가지다. '짬에서 나오는 바이브' 따위는 없고 무작정 열심히 한다고 실력이 향상되지도 않는다. 올바른 방법으로 열심히 공부해야 실력이 오른다.

나이 많은 사람과 어른은 같은 개체가 아니다. 경력자와 숙련자도 같은 의미가 아니다. 익숙함과 능숙함을 혼동하면 안 된다. 투자 짬이 쌓여서 느는 것은 HTS 조작법뿐이다. 또한 투자에 '짬바'가 없다는 말은 노력을 기울이는 방식과 정도에 따라 단기간에 투자 실력을 급상승시킬 수 있다는 말도 된다. 승진은 일정 직급까지 입사 시기 순이지만 투자 수익률은 증권 계좌 개설 순이 아니다.

기울기의 격차가 시간에 따라 점점 더 벌어진다는 점도 유념해야 한다. 20대부터 올바른 방식으로 경제와 투자를 공부해 투자 실력을 키워야 한다. 그러면 본격적인 경제활동을 시작하는 30대 즈음부터는 20대에 들인 노력이 빛을 발하기 시작한다. 세월이 흐를수록 경제와 투자 공부를 제대로 하지 않은 사람과의 격차는 점점 더 벌어진다. 복리의 마법은 시간이 지날수록 강력해지기 때문이다. 축적 자본의 격차는 선형함수가 아니라 지수함수다.

투자보다는 그나마 더 친숙하게 느껴질 입시 공부로 조금 더 구체적인 예를 들어보겠다. 내가 항상 첫 시간에 학생들에게 거듭 강조했던 내용이다. 영역을 막론하고 입시에서 최상위권 고득점을 안정적으로 받기 위한 공부법은 근본적으로 똑같다. 아래 기록한 일련의 논리적 접근법에 익숙해지는 훈련을 해야 한다.

주어진 정보를 빠짐없이 취합하고(What), 취합한 정보를 분석하는 데 있어 어떤 방법(How)을 사용하는 게 왜(Why) 가장 적절한지를 명확히 밝히고, 이를 통해 분석한 결괏값(Hidden What), 다시 말해 결론(So What)을 도출한다.

그다음은 반복 작업이라 할 수 있는 소위 '양치기'를 통한 숙달이다. 양치기 과정에서는 가장 효율적인 풀이법을 최단 시간에 찾는 훈련을 통해 풀이 시간을 단축하는 데 초점을 맞춘다.

이런 'What → Why → How → Hidden What 또는 So What'(이하 3W1H) 과정 없이 단순히 답 맞추는 데만 골몰하는 학생들은

사교육비를 얼마를 들이든 공부에 몇 시간을 들이든 성적이 오르지 않거나 매우 비효율적으로 오른다. 아무리 노력해도 안정적인 1등급이나 원점수 94점 이상의 최상위권 점수가 안 나오는 학생들이 대부분 이런 경우다.

3W1H의 네 요소 모두가 중요하지만 가장 중요한 것은 What과 Why다. 정답(Hidden What 또는 So What)은 한 조각씩 맞추다 보면 완성돼있는 퍼즐처럼 주어진 정보를 해석하는 과정에서 딸려오는 부산물에 불과하다. 정답은 하나여도 다양한 풀이법(How)이 존재하기에 방법의 가짓수를 전부 알 수는 없고 그럴 필요도 없다.

하지만 주어진 정보(What)는 정답을 추론하려면 빠짐없이 모두 사용해야 하는 필수적 재료다. 어느 문제든 주어지지 않은 정보를 이용해 답을 내라고 요구하지 않는다. 강사들이 "국어와 영어는 지문에 답이 있고 수학은 문제에 답이 있다"라고 설명하는 이유다.

주어진 정보를 전부 취합해서 파악했다면 이 정보를 어떻게 사용할지 정해야 한다. 그러려면 수많은 풀이법 중 왜(Why) 특정 풀이법(How)을 선택해야 하는지가 명확해야 한다. 즉, 자신이 선택한 풀이법이 주어진 정보를 활용하는 가장 효율적이고 합리적인 방법임을 증명하는 이유reason가 있어야 한다. 예를 들면 '주제나 주장은 대개 서론에서 밝혀지므로 글의 요지 추론 문제는 첫 문단에서 키워드를 찾는다', '소금물 농도 문제는 변수가 소금 또는 물 하나뿐이므로 일차방정식을 사용한다' 같은 식이다.

순서로 나타내면 다음과 같다.

① 주어진 What이 무엇인지 파악한다.
② 파악된 What에서 합리적인 Why를 도출한다.

   (What → Why)

③ 합리적인 Why가 뒷받침하는, 가장 효율적인 How를 사용한다.

   (Why → How)

④ Hidden What 또는 So What을 밝혀낸다.

   (How → Hidden What 또는 So What)

이 일련의 과정을 다른 말로 논리적 추론logical reasoning이라고 한다. 정답이든 오답이든 자신이 내린 답에는 항상 3W1H 네 가지가 갖춰져 있어야 한다. "그냥 그럴 것 같아서" 식의 감에 의존하는 풀이는 안 된다. 남에게도 자신의 풀이 과정을 논리적으로 설명할 수 있어야 하며 그러려면 객관적인 근거가 있어야 한다.

입시 공부뿐만 아니라 투자 공부를 할 때도 논리적 추론 훈련이 필요하다. 리서치로 얻은 자료(What)에서 논리적 추론(Why → How)을 통해 투자 대상(Hidden What)을 발굴하고 투자 결정(So What)을 내려야 한다. 그리고 이 모든 과정은 자신의 힘으로 이루어져야 한다. 투자 대상은 남의 추천 종목 찾아다니고 투자 결정은 남의 판단에 의존하는 식이면 안 된다. 풀이법도 모른 채로 답만 베끼는 격이다.

이건 심지어 정답을 베끼는 것도 아니다. 주가의 미래는 아무도 모른다. 정답인지 아닌지도 알 수 없는, 말 그대로 남의 답이다. 매수와 매도는 투자자 자신이 해야 한다. 투자 결정에 대한 책임은 다른 사람이 져줄 수 없다. 이 과정에서 오답일 가능성이 큰 선택지를 최대한 지우려면 전술한 논리적 추론의 네 과정 중 하나라도 빠지면 안 된다.

학생들—혹은 주린이들—이 가장 많이 하는 실수는 ②와 ③이 없다. 혹은 둘 사이의 연결고리가 매우 약하다. 정리하면 세 경우다.

(1) 남의 말대로만 하는 투자
  → Why가 아예 없다. 투자철학과 매매 원칙이 전부 없는 경우다.

(2) 철저한 조사와 분석이 없는 투자
  → '합리적인' Why가 없다. 탐욕·자만·공포에 휘둘려 스스로 세운 투자철학과 매매 원칙을 안 지키는 경우다.

(3) 경제·통계·차트·재무제표 지식이 없는 투자
  → How가 없다. 기술적인 지식이 부족한 경우다.

논리적 추론은 3W1H 네 가지 요소를 모두 갖추는 게 가장 중요하지만 전개 순서 역시 중요하다. What에서 Why가 나오고 Why에서 How가 나온다. So What은 How의 결괏값이다. 그런데 대부분 학생은 Why를 도출하는 과정은 건너뛰고 How만 찾는다. So What 말고는 관심이 없다. 그러니 문제를 아무리 많이 풀어도 단어나 숫자만 바뀌면 같은 유형을 계속 틀린다.

문제 풀이는 공부한 내용 중 어떤 부분의 이해도가 부족한지를 찾는 진단 과정이다. 그러나 학생 대부분은 약점을 보완할 생각은 않고 이미 완벽히 이해한 유형의 문제만 계속 푼다. 이래서야 실력이 늘 리 없다. 문제 풀이의 의의는 이번에 틀린 유형을 다음번에는 틀리지 않는 데 있다. 이전에 틀렸던 유형은 계속 틀리면서 이미 정복한 유형의 문제에 동그라미 치는 재미로 문제를 푸는 건 종이 낭비다.

주린이 역시 마찬가지다. 합리적인 투자철학과 매매 원칙을 세워 (1)과 (2)부터 해결해야 하는데 새로운 지식으로 (3)만 해결하려 든다. 곪은 상처를 제대로 치료하지 않고 붕대로 싸매기만 하는 꼴이다. 당연히 증상은 나아지지 않는다.

모든 수는 이치에서 나오며 현상은 본질의 양태다. 투자 역시 마찬가지다. 모든 기법은 투자철학과 매매 원칙에서 나왔다. 자신만의 투자철학과 매매 원칙이 뒷받침되지 않는 기법은 원리를 이해하지 못한 상태로 사용하는 수학 공식과 같다.

수학 공식을 들입다 암기한다고 수학 실력이 오르는 게 아니다. 마찬가지로 투자 기법(e.g. P/E 배수, 시가배당률, DCF)을 많이 알게 된다고 투자 실력이 오르는 게 아니다. "눈보다 빠른 손"을 갖게 된 고니는 오른손조차 없는 경상도 짝귀에게 박살 났다.

근본적으로 수학 실력을 올리려면 어떤 유형(What)의 문제에 왜(Why) 특정 공식(How)을 사용해야 하는지 정확하게 알아야 한다. 그러려면 공식의 유도 과정인 증명을 숙지하고 특정 상황에서 해당 공식을 적용하는 이유를 이해해야 한다. 타당한 Why 없는 How는 연필 굴려 찍기와 같다.

투자 역시 종목이나 기법을 백날 찾아봐야 소용없다. 우선 자신의 투자철학이 뚜렷해야 한다. 그래야 매매 원칙이 세워지고 이에 적합한 기법, 즉 자신과 궁합이 좋은 기법을 식별할 수 있다. 마지막으로 어떤 기법을 사용하든 What에서 So What에 도달하기까지 자신만의 논리적 추론 과정을 명확히 이해해야 한다. 그리고 반복 훈련으로 이와 같은 사고의 전개에 익숙해져야 한다.

요는 차트를 보느냐, 재무제표를 보느냐 혹은 차트 매매를 하느냐, 가치투자를 하느냐는 중요하지 않다는 말이다. 자신의 투자관이 명확한지, 이에 상응하는 자신의 매매 방식이 합리적인지, 그리고 이런 방식을 실전에서 능숙하게 사용할 수 있는지가 중요하다.

이게 국내외의 모든 투자 고수들이 입 모아 강조하는 투자철학과 매매 원칙의 중요성이자 내가 첫 실전 투자에서 실패한 원인이며, 본 책이 투자 입문서로서 경제와 투자 이론이나 매매 기법보다는 올바른 투자철학과 투자 공부법에 중점을 두는 이유다.

하지만 투자에 계속해서 실패하는 사람들은 투자의 실패 원인을 정확히 깨닫지 못하고 분석하려 들지도 않는다. 증권시장과 엘도라도를 구분하지 못하고 오컬트적인 수익률을 찾아 헤매며 도시 괴담 수준의 희귀한 성공 사례를 일반적인 투자 사례로 여긴다. 틀리는 유형은 계속 틀리면서 약점을 보완하는 공부는 않고 "N일의 기적"을 꿈꾸며 남의 합격 수기만 찾아다니는 수험생 꼴이다. 과거의 실패를 통한 배움이 없으니 같은 실패를 반복한다.

"어제와 똑같이 살면서 다른 내일을 기대하는 건 정신병 초기 증세다."

알버트 아인슈타인Albert Einstein

무슨 일을 하든 실력이 있어도 운이 따르지 않으면 실패할 수 있다. 그럼에도 기본적으로 실력도 없고 노력도 안 하면서 행운의 여신만 기다리니 투자할 때마다 원금을 까먹을 수밖에.

이런 마음가짐과 인식 수준으로 증권시장에 뛰어들 바에야 차라리 정기예금을 하나 더 가입하라. 앞서 언급했듯 수익률이 0% 이상인 증권 계좌는 전체 증권 계좌 중 고작 3%에 불과하므로

주식에 돈을 안 넣고 가만히만 있어도 상위 3%의 투자 고수가
될 수 있다.

08
환상을 버리고 도박이 아닌 매매를 하라

다시 한번 강조하건대, 주식투자는 황금알을 낳는 거위 따위의 불로소득이 아니다. 하다못해 황금알을 낳는 거위도 사육하는 데 들어가는 시간과 노력이 있다.

주식투자 역시 "모로 가도 서울만 가면 된다" 식의 마구잡이 매매로 수익을 낼 수 있는 것도 아니고, '일단 사놓으면 언젠가는 오르겠지' 같은 종교 활동에 가까운 매매로 수익을 낼 수 있는 것도 아니다. 주식투자는 철두철미한 자료 수집과 분석으로 시작한다. 그리고 이를 기반으로 세운 전략을 통해 승률을 높이는 확률 게임이다.

따라서 주식투자자는 시장 참가자들의 심리·기업·산업·경제 등 다양한 주제를 깊이 공부해야 한다. 혼돈과 광기가 전염병처럼 퍼지는 증권시장에서 개인투자자가 이성적인 판단으로 승률을 높이려면 제대로 된 경제와 투자 공부를 통해 자신만의 투자 철학과 매매 원칙을 정립해야 한다. 언뜻 듣기만 해도 투자 공부를 제대로 하는 게 만만치 않겠다고 느껴진다면 내 메시지가 잘 전달된 것이다.

어느 분야든 무언가를 제대로 이해하기란 쉽지 않다. 투자는 고려할 변수가 특히 많다. 투자는 어느 정도 해본다고 자연스레 감이 잡히지 않는다. 수학 공식처럼 딱딱 맞아떨어지지도 않는다. 만약 그랬다면 투자 수익률은 증권 계좌 개설 순일 것이고 경제학이나 금융학 박사들은 전부 천문학적인 수익률을 올리고 있을 것이다.

투자는 복잡계다. 내가 서문에서 언급한 '사짜'란 "나한테 돈을 맡겨주면 무조건 몇 배를 불려주겠다" 식의 허황한 소리를 늘어놓는 평범한(?) 사기꾼만 가리키지 않는다. 자신의 수익률이나 자산 규모를 근거로 내세우면서 "유명한 외국 펀드의 투자 기법을 완벽하게 분석했다", "이 방법만 그대로 따라 하면 된다" 식의 방법론으로 호언장담을 하는 선동꾼들도 포함한다.

수익률이나 자산 규모는 제삼자가 제대로 검증하기도 어렵거니와 주장하는 수익률이나 자산 규모가 전부 참이라 치더라도 결과를 근거로 내세울 수는 없다. 수익률이나 자산 규모를 앞세우는 주장의 일반적인 구조는 대개 둘 중 하나다.

① 올바른 투자법을 통해서만 높은 수익률을 낼 수 있다.
  - 나는 AW 투자법을 사용해서 높은 수익률을 냈다.

- 따라서 AW 투자법은 올바른 투자법이다.

② 올바른 투자법을 통해서만 높은 수익률을 낼 수 있다.
- 내 수익률은 높으므로 AW 투자법은 올바른 투자법이다.
- 따라서 AW 투자법만 사용하면 누구나 높은 수익률을 낼 수 있다.
- 왜냐하면 내 높은 수익률이 증명하듯 AW 투자법은 올바른 투자법이고, 올바른 투자법의 투자는 반드시 높은 수익률을 내기 때문이다.

위 주장들에는 Why가 없고 How와 So What만 있다. 이런 논리적 오류를 모른 채로 위처럼 주장하는 사람은 이류 사기꾼이고 알면서도 주장하는 사람은 전문 사기꾼이다.

백번 양보해 이 정도의 사후 판단·생존자 편향·순환논증 오류는 마케팅의 일환인 셈 치자. 그런데 그렇게 돈을 쉽게 벌 수 있으면 누구나 다 부자가 됐을 텐데 왜 세계 최고의 명문대에서 엘리트 교육을 받은 월가의 펀드매니저 절대다수가 시장 수익률을 능가하는 것조차 버거워할까(100쪽 참조)?

그리고 저런 장담을 하는 치들은 대체 자신에게 무슨 이득이 있다고 절대적으로 수익을 낼 수 있는 비법을 푼돈에 팔아넘기는가? 자기 혼자만 돈 벌면 마음이 아파지는 극도의 이타주의자라서? 한민족은 정情의 민족이라서?

내가 가장 좋아하는 투자 대가인 하워드 막스Howard Marks의 말을 유념하라.

"성공적인 투자를 위해서는 서로 다른 여러 측면을 동시에 신중하게 살펴야 한다. 어느 하나만 빠뜨려도 결과는 만족스럽지 못할 수 있다. …… 나의 목표는 투자를 단순화하는 것이 아니다. 사실 내가 가장 확실히 하고 싶은 것은 '투자가 얼마나 복잡한 것인가'를 사람들에게 이해시키는 것이다. 투자를 단순한 것처럼 말하는 사람들은 그 말을 믿을 수도 있는 사람들에게 대단히 큰 피해를 끼친다."

『투자에 대한 생각The Most Important Thing』 중에서

내 경험을 감히 수십 년 경력을 지닌 베테랑들의 경험에 비교할 수는 없겠지만, 나 역시 몇 년간 주식에 미쳐 살면서 적지 않은 수의 기상천외한 사건과 사고를 보고 듣거나 때로는 직접 겪었다. '절대 수익'을 찾기 위해 셀 수 없이 많은 이론과 기법을 공부하고 시도하며 수많은 시행착오를 거쳤다.

그리고 엘도라도를 찾아 헤맸던 한 명의 경험자로서 가능한 많은 주린이들이 무작위적인 가능성possibility에 기대는 도박 대신 계산된 확률probability에 기대는 매매를 하길 바란다.

깡통 두 번은 차봐야 주식투자를 이해한다지만 깡통을 안 차보고 주식투자를 이해할 수 있다면 더 좋지 않을까? 그런 슬픈 경험은 굳이 안 해봐도 된다.

"

성공적인 투자의 중요 단계는
다른 사람들의 실수를 피하는 것이다.

"

『*Margin of Safety*』 중에서

"일찍 저축과 투자를 시작한다면
돈이 당신을 먹여 살리도록 할 수 있다.
가능한 한 많이 저축하라."

피터 린치 Peter Lynch

제2장

'주른이'를 꿈꾸는
모든 '주린이'를 위하여

파란불에 상처 입은 주린이들에게

01
선택 장애와 레몬 시장

너무 많아서 헷갈리는 투자 조언들

코로나 사태와 맞물려 일어난 동학개미운동이 이슈화되면서 진짜 주린이들과 실질적 주린이들의 수가 내가 막연히 생각하던 것 이상으로 많다는 사실을 알게 됐다. 여러 경로를 통해 이들의 매매 방식을 보고 들은 후 가장 놀란 점은 주린이들의 대담함이다.

"아니, 이 종목을 여기서 어떻게, 대체 왜 사지?"

"이런 기초적인 것도 모르면서 그 큰 금액을 굴리고 있다고?"

"최근 들어 삼성증권에서 계좌를 만들어야 삼성전자 종목을 살 수 있느냐는 문의 전화를 가끔 받는다"라는 내용의 기사를 읽었을 때는 아연함마저 느꼈다.

내가 투자 공부를 본격적으로 시작한 10여 년 전만 해도 읽을 만한 투자 책은 외국 책이 대부분이었다. 외국 책은 구하기도 어렵고 특히 전공서 수준의 책은 가격도 매우 비쌌다. 인터넷으로 찾아보니 모두가 워런 버핏처럼 투자하라고 했다. 그러나 당시에

는—그리고 아직도—버핏이 직접 쓴 투자 책은 없었다.[7]

그나마 몇 권 되지도 않는 양질의 번역본은 기껏 그 존재를 알아내고 나면 절판 상태인 적도 많았다. 절판된 책을 구하기 위해 청계천 헌책방 거리부터 신림동 고시촌까지 서울의 헌책방을 다 뒤지는 게 주말 일과였던 적도 있다. 그래서 "주식투자를 제대로 공부할 수 있는 국내 자료가 혹시 아직도 없나?" 싶었다.

그러나 2021년 11월 '네이버 책'을 기준으로 '투자'라고 검색하면 59,791권이 나오고 '주식투자'라고 검색해도 14,394권이 나온다. 기고문이나 정기간행물은 제쳐두고 출판된 책만 평생 읽어도 다 읽는 게 불가능한 양이다. 원서 또한 대형 서점과 인터넷에서 쉽게 구할 수 있다. 특히 인터넷을 통해 구할 수 있는 자료의 양은 검색 기술의 발달로 과거와 비교할 수 없을 정도로 방대해졌다. 공부할 자료가 없는 것도 아닌데 왜 이런 비극이 일어날까? 내 생각에는 원인은 크게 두 가지다.

첫 번째로 활자 매체를 통해 정보를 얻는 경우다. 물론 예외는 항상 존재하겠으나 일반적으로 책이나 논문처럼 활자 매체를 통해 배포되는 자료는 대중에게 공개되기 전에 출판사 또는 학문 기관에서 어느 정도 검증을 거친다.

---

[7] 2011년 우리나라에 출간된 주주 서한 묶음 『주식 말고 기업을 사라The Essays of Warren Buffett』는 2015년 『워런 버핏의 주주 서한』으로 재출간되었다.

출판사나 학문 기관이 절대적인 신뢰 대상이라는 말은 아니다. 그러나 어찌 됐건 활자 매체는 저자든 발행 기관이든 그 실체를 확인할 수 있는 누군가의 이름을 걸고 출판 비용이나 학계 평판 등 실질적인 위험성을 감수하며 정보를 제공한다. 당연히 저자나 발행 기관은 제공하는 정보에 대해 어느 정도 책임감과 부담을 느낄 수밖에 없다.

그리고 다들 학부에서 졸업논문이나 전공 소논문을 써봤을 테니 익히 알겠지만 애초에 일정 수준 이상의 전문성이 없는 사람은 대중서든 논문이든 제대로 된 원고 작성 자체가 불가능하다. 활자 매체를 통해 제공되는 정보의 경우 저자의 주장에 대한 이견이나 반론이 있을지언정 주장의 근거가 되는 사실관계 자체가 심각하게 틀리는 경우는 드물다. 당연히 정치인들이 선거철을 앞두고 너도나도 발간하는 장르 불명의 출간물, 과학적·역사적 사실보다는 자신의 경험이나 생각을 주 근거로 삼는 자기 계발서와 수필, 기반부터가 허구인 소설 등은 논외로 두고 하는 말이다.

유사인문학자들처럼 전문성이 전무함에도 버젓이 경제와 투자책을 쓰는 이들도 없지는 않다. 이 경우에 대해서는 조금 뒤에 설명한다. 어쨌든 이런 몇몇 예외를 제외하면 활자 매체를 통해 정보를 얻는 경우의 문제점은 자료가 아니라 독자 때문에 발생한다.

가령 정답지에 오답이 잘못 기재됐다고 쳐보자. 문제집을 작성한 저자와 대등한 수준의 지식을 가진 선생은 오답을 명확하게 가려내고 답을 정정해줄 수 있다. 하지만 아직 지식을 습득하는 단계인 학생은 자신의 답안이 맞는지 정답지의 답안이 맞는지 알 수 없다. 본문 설명과 정답이 배치될 경우 특히 그렇다. 단순한 오타인지, 아니면 함정 문제인데 자신이 이해를 못 하는 상황인지 헷갈린다.

이와 마찬가지로 초심자들은 주어진 정보가 너무 많으면, 특히 두 정보가 실제로 다른 말을 하거나 자신에게 다른 말처럼 들리면 선택 장애에 빠진다. 어떤 정보를 무슨 순서로 습득해야 할지 혹은 어떤 조언을 들어야 할지 모르기 때문이다. 원고를 준비하며 많이 받은 질문 중 하나가 "투자를 처음 시작하는데, 뭐부터 공부해야 하나요?"다. 나 또한 주린이 때 이 문제로 꽤 골치를 앓았다.

책 전반에 걸쳐 반복 설명하겠지만 일단 답부터 내자면 투자철학과 매매 원칙을 공부해서 자신만의 관점을 만들어야 한다. 그다음 자신의 투자철학과 매매 원칙에 적합한 기법의 원리와 적용 방법을 정확하게 이해해야 한다. 마지막으로 종잣돈을 이용한 실전에서 이론과 현실의 괴리를 메워야 한다. 본격적인 투자는 이 모든 공부가 끝난 후에 시작하는 게 가장 바람직하다.

두 번째는 인터넷 매체를 통해 정보를 얻는 경우다. 유튜브와 블로그처럼 SNS를 통해 배포되는 자료는 정보 제공자와 정보에 대한 검증이 어렵다. 이 경우 문제의 원인은 독자에게도 일정 부분 지분이 있지만 주로 정보 제공자에 의해 발생한다.

물론 요즘은 자신의 신상 명세를 공개하고 SNS를 통해 양질의 자료를 배포하는 제도권의 전·현직자들이 꽤 있다. 기관투자자가 아닌 개인투자자 중에서도 상당한 내공을 지닌 사람들이 없지는 않다. 나도 몇몇 개인투자자들의 SNS를 구독하고 있다. 하지만 "제도권 투자자들은 전부 개미 등쳐 먹는 사기꾼들"이라고 매도하며 "공매도 금지" 타령을 하고 "이론보다는 실전이 중요하다"라는 식으로 말하는 사짜는 더 많다. 제대로 된 검증조차 어려운 수익률이나 짬바를 앞세워 자신의 모자란 지식과 근본 없는 투자법으로 호도하는 사기꾼들이 너무 많다는 것이 문제다.

유명 개인투자자를 사칭해 유료 단톡방을 개설하는 식으로 대놓고 사기를 치는 어설픈 삼류 사기꾼들부터 자신의 해석이나 내용 자체가 틀린 줄도 모르고 어디서 주워들은 그럴듯한 말들을 늘어놓는 이류 사기꾼들에, 바람잡이들을 동원하거나 학력·경력·수익률 등을 위조해 불법 유사수신 또는 위·수탁을 저지르는 전문 사기꾼들까지, 개인투자자들을 현혹하는 사기꾼은 한둘이 아니다.

나도 귀국 직후 금융 사기 전과 4범의 전문 사기꾼을 만난 적이 있다. 당시에는 그의 과거를 모르고 있었다. 그는 SNS에 수익률을 인증하고 장중 단타 종목을 집어주는 식으로 폭발적인 인기를 끌어 단기간에 수천 명의 회원을 모았다.

그는 금융감독원에 '신고'한 정식 업체임을 강조하며—난 몇 년 만에 귀국한 직후라 유사수신업이 뭔지도 몰랐다—테헤란로에 번듯한 사무실까지 있었다. 그 사람의 과거를 잘 모르던 전직 우리나라 제도권 트레이더 P 씨도 SNS로 그를 알게 됐고 우리는 대체 뭐 하는 사람인가 싶은 호기심에 몇 차례 그를 만났다. 당시는 개봉 전이었지만 나는 영화 「더 울프 오브 월 스트리트*The Wolf of Wall Street*」에 나오는 디카프리오의 초기 회사 같은 것으로만 생각했다.

어느 날 우연한 기회로 대표의 갱생 전(?) 과거를 들었다. 그의 생생한 경험담을 통해 듣는 코스닥 주가조작 사건이나 우리나라 사채시장 이야기는 매우 흥미로웠으나 계속 연을 유지하면 큰 곤란을 겪을 것 같다는 불길한 예감이 들었다. 그의 자백(?)이 끝날 때까지 적당히 맞장구를 쳐주다가 집에 돌아오자마자 전화번호를 바꾸고 연락을 끊었다. 퇴사 후 전업 투자를 준비 중이던 P 씨도 그에게 동업 제의를 받았으나 뭔가 꺼림칙한 기분에 거절했었다는 이야기를 나중에 전해 들었다.

몇 년 후 청담동 주식부자 사기 사건이 전국적인 화제가 됐다. 자연스레 그가 생각나 인터넷으로 그의 회사를 검색해봤다. 제 버릇 개 못 준다고 (불법) 일임을 명목으로 개인투자자들에게 수십억 원을 끌어모았다가 전부 날리고 동남아로 도주했다는 뉴스 기사를 읽을 수 있었다.

위 경제사범이나 전국을 들쑤신 청담동 주식부자 같은 극단적이고 전문적인 사기 사례가 아니더라도 개인투자자를 노리는 사기 행각은 지금도 실시간으로 일어나고 있다. 들도 보도 못한 '○○연구소' 출신이라는 이력을 걸고 고급 정보를 주겠다느니 경력이 몇 년이라느니 식의 감언이설을 늘어놓는 사기꾼이 한둘이 아니다. 본 원고를 작성하는 도중에만 이런 스팸 문자를 일곱 건이나 받았다. 내 블로그에 "제도권 출신의 국내 제일 분석 전문가"라고 스스로를 홍보하는 댓글을 남기기에 "근무 기관과 부서, 직무, 단독 또는 팀 운용 자금이 얼마였느냐"라고 물으니 되레 내게 협박 섞인 으름장을 났다. 이런 사기꾼들이 SNS에는 너무도 많다. 유사수신업자가 전부 사기꾼은 아니지만 사기꾼은 전부 유사수신업자이므로 유료 서비스를 구매하더라도 소비자가 잘 분별해야 한다.

유사수신업자는 아니지만 ○○연구소 이력으로 전문가를 자처하는 사람 중 제일 유명한 S 씨를 예로 들어보자. 한때 부동산 전문가로 유명했던 그는 최근 "주식투자는 하루 10분만 공부해도 연 25% 수익 가능"이라는 말로 기존 유명세를 더했다. 정말 주식투자가 하루 10분만 공부해도 워런 버핏의 연평균 수익률을 낼 정도로 쉬울까?

여기까지 읽은 독자라면 그럴 리 없겠지만 만에 하나 저런 달콤한 소리에 잠시라도 솔깃했다면 하워드 막스의 조언을 한 번 더 되새겨보자.

"투자를 단순한 것처럼 말하는 사람들은 그 말을 믿을 수도 있는 사람들에게 대단히 큰 피해를 끼친다."

『투자에 대한 생각』 중에서

다시 한번 강조한다. 투자 소득은 불로소득이 아니다.

위 경우들도 문제지만 대학 진학률이 평균 80% 수준인 2030은 이 정도로 노골적인 사기에는 잘 속지 않는다. 그리고 이런 수준의 사기는 나이나 최종 학력과 무관하게 개인투자자가 조금만 주의를 기울이면 쉽게 눈치챌 수 있다.

진짜 거짓말은 100%의 거짓이 아닌 90%의 거짓과 10%의 진실로 이루어져 있다. 내 생각에 제일 심각한 문제는 겉핥기로 배운 지식을 전파하는 이류 사기꾼들이다. 사기꾼 당사자들도 자신이 사기를 치고 있는 줄 모른다.

나는 이런 사기꾼들을 '유사경제학자'라고 부른다. 정작 전공자들은 별 무게를 두지 않는, 전공자가 아니라 경제학 원론 수업만 들었어도 그 한계를 알 수 있는 지표로 호들갑을 떤다. 어디서 무슨 말을 들었는지 증권시장의 숨겨진 성배를 발견한 것처럼 기상천외한 해석을 내놓으며 전문가 행세를 하는 사람들이 한둘이 아니다.

가장 황당했던 사례들은 '파워 블로거' 경력을 발판으로 여러 권의 경제와 투자 책을 출간한 B 씨와 P 씨다. 둘 다 상경 계열과 무관한 비전공자고 제도권 경력도 없으며 심지어 개인적인 투자 레코드나—일반적으로 개인투자자들이 자신의 신분증처럼 이상하게 사용하는—그 흔한 수익률 인증조차 없었다. 그런데도 꽤 여러 권의 책을 출간한 이력이 있기에 대체 무슨 말을 하는가 보자 싶었다. 결론만 말하자면 내가 대학에서 경제학을 전공하고 투자 책 수백 권을 읽는 동안 단 한 번도 들어보지 못한 주장과 해석들이 넘쳤다.

하지만 제일 황당한 건 댓글을 통해 "역시 B님과 P님은 대단하다" 식의 반응을 보이는 사람들이 한둘이 아니라는 점이다. 이 정도면 신앙이다. 이건 일차적으로는 전문성 없는 저자들의 문제지만 독자 과실도 명백하다. 열심히 공부하고 검증하는 사람은 투자로 속이기 힘들다.

공급자와 소비자 사이의 정보 비대칭성으로 인해 우량품은 줄어들고 불량품만 유통되는 시장을 레몬 시장Lemon Market이라고 한다. 우리나라식 표현으로는 빛 좋은 개살구만 넘치는 상황이라고 할 수 있다. 어느 분야든 그럴싸한 화술로 "야나두! 야너두!"를 외치며 대중을 현혹하는 선무당들이 범람할수록 따분한 말투로 지루한 정론을 펼치는 전문가들은 줄어든다. 청자가 있어야 화자가 존재할 수 있는 법이다. 며칠 전에도 모 개인투자자가 직접 만든 개인 사이트를 통해서만 자신의 의견을 공유하겠다고 밝혔다. 나 역시 얼마 전 10년 가까이 운영한 블로그의 글 대부분을 비공개로 전환하고 개인 사이트를 만들었다. 어떤 심정인지 깊이 공감한다.

자료가 너무 많아 겪게 되는 선택 장애의 문제든 저급한 자료의 범람으로 양질의 자료가 줄어들게 되는 레몬 시장의 문제든, 주린이들이 겪는 문제는 결국 수많은 조언 가운데 자신에게 필요한 양질의 조언을 판별하는 능력의 부재가 원인이다.

전설적인 기관투자자 피터 린치Peter Lynch가 말했듯 이런 능력이 없는 것은 선천적인 재능이 부족한 탓이 아니다. 투자가 복잡하고 어려운 지적 행위라는 것을 간과하거나 무시하기 때문이다. 올바른 방식으로 투자 공부에 노력을 기울이기보다 투자 소득을 불로소득이라 생각하기 때문이다. 투자를 확률에 기댄 매매가 아닌 가능성에 기댄 도박처럼 대하는 안일한 마음가짐으로 충분한 준비 없이 증권시장에 뛰어들기 때문이다.

"주식투자 능력에 유전자 요소 따위는 없다. 다른 사람들은 투자 감각을 타고났지만, 자신은 타고난 감각이 없어서 손실을 입는다고 불평하는 사람들이 많다. 내 요람 위에 호가창이 달렸던 것도 아니다."

『전설로 떠나는 월가의 영웅One up on Wall Street』 중에서 이런 게으르고 안일한 주린이들은 우는 사자같이 두루 다니며 삼킬 호구를 찾는 사짜들의 좋은 먹잇감이다.

제2장 '주른이'를 꿈꾸는 모든 '주린이'를 위하여

02
신뢰할 만한 투자 조언을 가려내는 법

무엇을 어떻게 사용해서 투자 공부를 시작해야 하는지는 4장에서 자세히 다루겠다. 지금은 선택 장애와 레몬 시장을 피하는 방법부터 생각해보자. 어떻게 해야 투자 조언의 신뢰성을 판별하고 수많은 투자 조언 중 자신에게 필요한 조언을 찾아낼 수 있을까?

지적 수준과 성향이 다르므로 조언의 필요성이나 유용성 역시 사람마다 다를 것이다. 일반적으로는 내가 책 고르는 기준을 참고해보면 어떨까 싶다.

나는 책을 꽤 가려 읽는 편인데도 본가의 책꽂이는 늘 공간이 부족했다. 그래도 좋은 책이 새로 나왔는데 안 읽을 수 없는 노릇이다. 덕분에 우리나라에 머무를 때마다 추가로 구매해 자취방에서 읽던 책들은 아예 상자째로 담아 본가에 보관했었다.

그런데 상자 쌓을 공간조차 부족해지자 책을 분류하기 위해 방법을 고안했다. 읽을 가치가 없는 책, 서점이나 도서관에서 훑어보는 것으로 충분한 책, 구매해서 소장할 만한 가치가 있는 책으로 분류했다. 내가 책을 분류할 때 사용하는 방법이지만 투자 조언의 신뢰성을 판별할 때도 유효하리라 생각한다.

① 제목을 읽는다.

기사든, 보고서든, 책이든, 논문이든 제목은 전체 내용의 한 줄 요약이다. 제목을 통해 자신에게 필요한 내용인지 아닌지를 일차적으로 선별한다.

대개 제목과 본문의 문체가 비슷한 경향을 보인다. 건조한 사실 위주의 책을 좋아하는 내 경우 소장하는 책들 대부분이 앞서 소개한 『투자에 대한 생각』처럼 딱딱하고 단순하고 직관적인 제목을 갖고 있다.

여담이지만 나는 서점에서 신간을 살펴볼 때도 재미없는 제목의 책들 위주로 먼저 훑어본다. 오히려 자극적인 제목이나 책 소개는 '저렇게까지 관심을 끌어야 눈길을 받을 만한 책인가'라는 생각이 들어 잘 손이 가지 않는다.

유튜브 동영상을 볼 때도 마찬가지다. 내가 믿고 거르는 키워드는 '비결'과 '비법'이다. 여기에 썸네일이 대문짝만한 크기의 눈부신 형광색 또는 자극적인 원색 글씨로 도배돼있으면 거의 100%다. 비결과 비법의 '비'는 '숨길 비秘'다.

항상 성립하는 법칙은 아니지만, 일반적으로 빈 깡통이 요란

하다.

② 저자 약력을 읽는다.

저자 약력을 참조하는 건 전문적인 내용의 책을 판별할 때 특히 유효하다. 요즘은 저자 약력에 '구독자 수 N만 명', '조회수 N만 회' 등이 적힌 걸 쉽게 찾아볼 수 있다. 내가 말하는 약력은 이런 대중성과 무관한 학력·경력·자격증 등을 의미한다.

SNS의 구독자 수나 조회 수는 재미와 흥미성이 중요한 소설이나 파워 인플루언서 되는 법에 관한 책을 구매할 때라면 모를까, 전문적인 내용의 책을 고르는 기준으로는 적합하지 않다. 인기 있는 정치인이 유능한 정치인을 의미하지 않는 것처럼 구독자 수가 인플루언서의 주장에 전문성을 더해주지는 않는다. 과학적 사실은 머릿수가 아닌 논리와 준거의 합당성으로 옳고 그름이 가려진다. 투자는 엄연히 과학적인 학문의 한 갈래다.

비전공자나 문외한이라면 오히려 편견이 없기에 색다른 관점에서 참신한 해석을 제시할 수도 있지 않을까? 일본 연구의 명저 『국화와 칼The Chrysanthemum and the Sword』을 쓴 루스 베네딕트Ruth Benedict는 일본에 가본 적도 없던 것으로 유명하다. 하지만 그녀는 컬럼비아대Columbia University의 인류학과 교수로서 원래 해당 분야의 저명한 학자였고, 『국화와 칼』은 저자가 일본에 대한 선입견을 줄이고자 의도적으로 사료를 통해서만 접근한 이례적인 경우였다.

어떤 학문이든 현대 대학의 전공과목으로 개설될 정도로 전문성 있는 분야를 비전공자나 해당 분야와 무관한 업종의 종사자가 제대로 이해하기는 어렵다. 지금은 학문의 전문성이나 구별성이 두드러지지 않아 화가가 의사도 하고 발명가도 할 수 있었던 르네상스 시대가 아니다.

또한 자신이 이해한 내용을 타인에게 올바르게 전달하기는 더 어렵다. 그리고 제대로 교육받았거나 경험해본 적 없는 생소한 분야를 남에게 제대로 가르칠 수 있을 정도로 깊이 이해하는 건 불가능하다. 수천 권의 책을 읽어본 경험상 최소한 내가 공부한 사회과학·자연과학·인문학에 한정해서는 이런 경우가 없다시피 하다. 정규교육을 받은 적이 없음에도 중세 최고의 문호 중하나로 손꼽히는 셰익스피어William Shakespeare나 학부 중퇴 후 정수론의 한 획을 그은 라마누잔Srinivasa Ramanujan은 인류 역사 전체로 따져봐도 유사한 경우가 드문 천재들이다.

나는 경제정책 실무자나 경제학 교수가 쓴 경제 책 또는 대치동 영어 강사나 사범대학 교수가 쓴 영어 공부법 책 대신 자기 계발서 작가가 쓴 경제 책이나 전자공학 박사가 쓴 영어 공부법 책을 대체 왜 읽는 건지 도무지 모르겠다. 고효율성의 가장 기초적이며 핵심적인 원리는 분업이다. 자신이 잘하는 것과 남이 잘하는 것을 인지하고, 각자가 비교 우위를 가진 분야에 집중하며, 그렇게 계발된 상대의 전문성을 존중할 때 분업의 진가가 드러난다.

배가 아프면 할머니 손보다는 가정의학과 전문의나 내과 전문의를 찾는 게 더 합리적인 대처라고 생각한다.

③ 서론을 읽는다.

서론은 제목보다 자세한 전체 내용의 요약이자 핵심이다. 서론을 통해 책이 어떤 내용을 다루는지 저자의 견해 또는 주장이 무엇인지를 파악한다.

같은 주제를 다루는 책들이라고 해서 전부 같은 내용을 담고 있지는 않다. 저자마다 자신이 중요하다고 생각하는 부분이나 설명하는 방식이 다르기에 큰 줄기는 비슷하더라도 구체적인 내용은 많이 다를 수 있다.

가령 가치투자를 다루는 책 중 하나를 구매한다고 쳐보자. 그럼 어느 책을 고르든 차트 보는 법을 설명하는 내용은 거의 없거나 아예 없을 것이다. 하지만 저자가 투자철학에 비중을 뒀는지 가치평가 기법에 비중을 뒀는지, 정량 분석에 초점을 맞췄는지 정성 분석에 초점을 맞췄는지, 거시 경제와 산업 지표를 우선으로 고려하는 탑다운top-down 위주인지 기업분석에 비중을 두는 바텀업bottom-up 위주인지, 회계원리·중급회계·고급회계처럼 사전 지식을 어느 정도 요구하는지 등등에 따라 다루는 내용의 방향성과 깊이는 매우 달라진다.

책이 무슨 내용을 어떤 방식으로 얼마나 깊게 다룰지는 대개 서론에 설명돼있다. 자신에게 필요한 지식인지를 구별하려면 반드시 서론을 꼼꼼히 읽어야 한다.

④ 책의 중·후반부 한 곳을 임의로 펼쳐 읽는다.

드문 경우로 서론과 본론의 결이 다를 때가 있다. 서론에서는 초보자를 위한 책이라고 쓰여 있음에도 본론을 이해하기 위해서는 어느 정도의 선수 지식이 필요할 수 있다. 반대로 서론에서는 중급자 이상을 위한 책이라고 소개해놓고 본론은 너무 기초적인 내용만을 다룰 수도 있다.

어렵거나 많이 팔린 책이 좋은 책이 아니다. 자신에게 필요한 내용을 자신이 이해할 수 있는 수준으로 풀어낸 책이 좋은 책이다. 서론과 목차는 반드시 처음부터 끝까지 꼼꼼히 읽어야 한다. 그중 흥미를 끄는 부분의 본문을 읽어보면 자신에게 좋은 책인지 아닌지 정확하게 알 수 있다. 물론 재미나 흥미를 떠나 기본적으로 저자가 전문성이 있어야 한다.

개개인에게 적합한 책을 가리는 기준과 무관하게 무조건 읽어야 하거나 읽어두면 언젠가는 반드시 도움이 되는 책은 필독

서 또는 고전이라고 불린다.[8]

⑤ 소장하고 있는 책 중 겹치는 내용이 없는지 확인한다.

수능용 영단어 책은 세 권 이상 살 필요가 없다. 두 권만 완벽하게 외워도 충분히 영어 영역에서 만점을 받을 수 있다. 경험상 학생이 소장한 단어집 권수와 영어 실력은 반비례한다.

마찬가지로 투자 책 역시 같은 내용을 다루는 비슷한 난이도의 책이라면 굳이 여러 권을 보유할 이유가 없다. 경제학 원론이나 회계원리를 저자별로 서너 권씩 살 필요는 없다는 말이다. 이미 가지고 있는 한두 권을 완벽하게 이해하는 게 더 중요하다.

예외가 있다면 매매 공식이나 기법이 아닌 투자철학을 논하는 책이다. 투자 공부를 하다 보면 느끼겠지만 일반적으로 처음에는 다양한 기법을 수집하는 데만 관심이 쏠린다. 자연스레 "수익률 N%", "수익금 N억 원" 등의 문구가 붙어있는 책 위주로 읽게 된다.

하지만 일정 수준에 도달하면 투자 기법의 가짓수가 아닌 투자의 본질에 대한 이해도가 중요함을 체감한다. 자연스레 새로운 기법보다는 투자철학과 매매 원칙에 더 관심을 두게 된다. 같은 기법을 사용하더라도 투자자마다 그 기법을 사용하는 이

---

[8] 4장-01에서 해당 책들을 소개한다.

유나 이해하는 방식이 다르기 때문이다. 이를 깨달으면 투자 책을 읽을 때도 타인의 관점을 참조해 자신만의 관점을 보완하는 데 중점을 두게 된다.

나 역시—한 번 읽고 치운 책들은 제외하고—보유 중인 수백 권의 투자 책 중 순수하게 매매 기법만 다루는 책은 외국 책까지 다 합쳐도 그리 많지 않다.

03
근로소득과 저축을 무시하지 말자

총만 있다고 총을 쏠 수 있는 게 아니듯 투자철학과 기법만 있다고 실전 투자를 할 수는 없다. 총을 쏘려면 총알이 있어야 한다. 마찬가지로 열심히 공부한 투자철학이나 기법을 실전에서 써먹으려면 종잣돈이 있어야 한다.

본 책을 준비하면서 종잣돈을 얼마나 모으고 시작해야 하냐는 질문도 의외로 많이 받았다. 딱히 정해진 종잣돈 규모는 없다. 자금이 넉넉하면 투자 결정에 보다 여유가 생기기는 하지만 앞서 말했듯 주식투자는 총알이 부족해서 지는 운칠기삼의 도박이 아니다. 종잣돈의 규모가 작으면 작은 대로 크면 큰 대로 운용하면 된다.

종잣돈은 단판 승부를 위해 '영혼까지 끌어모은 한 방'이 아니다. 종잣돈은 말 그대로 종잣돈이므로 첫 실전 투자부터 거액을 준비할 필요는 없다. 그리고 사람마다 생각하는 '거액'의 규모도 다를 것이므로 적절한 종잣돈의 규모는 "잃어도 인생에 큰 영향이 없고 잃으면 속이 쓰리지만 죽을 정도는 아닌" 수준이라고 정의하자.

종잣돈을 모으는 방법은 매우 간단하다. 쓰는 것보다 더 벌거나 버는 것보다 덜 쓰면 된다. 성적을 올리려면 더 공부하고 덜 놀면 되고 살을 빼려면 더 운동하고 덜 먹으면 되는 것만큼이나 간단한 이치다. 장사로 4남매를 전부 뒷바라지하신 외할머니께서는 "소꼬리만큼 벌고 쥐꼬리만큼 쓰면 돈은 자연스레 모인다"라고 말씀하셨다.

한국전쟁과 월남전에 장교로 참전하셨던 친할아버지 밑에서 유년 시절을 보낸 나는 근검절약이 몸에 밴 상태로 자랐다. 경제적인 독립을 시작한 20대 초반이나 지금이나 매월 5만 원 이상을 지출하는 유일한 취미 생활은 중고 서점 쇼핑 정도다. 덕분에 첫 실전 투자에 사용한 종잣돈을 빠르게 마련할 수 있었다.

앞서 말했듯 적당한 종잣돈 규모가 있지도 않거니와 돈은 자신의 그릇만큼 담기기에 종잣돈의 규모에 크게 연연할 필요가 없다고 생각한다. 내 경우 20대 초반의 증권 계좌에는 700만 원이 들어있었다. 그러나 20대 중반의 증권 계좌에는 1억 원이 들어있었다.

요즘 같은 시대에 1억 원이 돈이냐고 할 수도 있다. 그러나 나에게는 큰 의미가 있다. 두 경우 다 통장에 100만 원도 없던 상태에서 근로소득으로 종잣돈 만들기부터 시작해 순수한 자력으로 일군 결과물이다. 근로소득을 모으기 위해 소처럼 일하면서도 금융소득을 만들기 위해 하루 네다섯 시간만 자면서 출근 전과 퇴근 후 시간을 쪼개 공부했다. 이때 돈의 원리를 조금 터득했다.

앞서 언급한 생산함수의 두 요소가 돈(K)과 노동력(L)임도 잊지 말아야 한다. 자본주의 사회에서는 돈뿐만 아니라 노동력 역시 중요한 현금흐름 창출 수단이다. 금융소득으로 자본 늘리기를 배우기에 앞서 일단 근로소득으로 자본 모으기부터 익히자. 그러려면 월급 대비 저축 비율을 최대한 늘리는 게 최우선이다. 투자의 시작은 저축예금부터다.

개인마다 처한 상황이 다르기에 저축 역시 종잣돈의 규모와 마찬가지로 구체적인 액수나 비율을 말하기는 어렵다. 다만 내 경우 의식주 등 정말 필요한 지출을 제외한 전부를 항상 저축해 왔다. 자신이 매월 지출하는 금액의 규모나 용도를 구체적으로 모른다면 가계부부터 작성하자. 어디서 돈이 새는지를 확인해 돈이 새는 구멍을 막아야 한다. 천 리 길도 한 걸음부터고 굳은 땅에 물이 괸다.

그럼 종잣돈을 만든 후라면 근로소득을 무시해도 될까?

증시에서 단기간에 뭉칫돈을 만지게 된 주린이들—특히 증시가 급반등을 시작한 2020년 3월 중순 이후에 주식을 시작한 주린이들—이 멀쩡히 잘 다니던 직장을 퇴사하고 전업투자자의 길로 나서는 것에 대해 고민하는 모습을 꽤 많이 봤다.

이해는 한다. 겨우 며칠 혹은 몇 시간 만에 짭짤한 수익을 몇 번 내고 나면 자신의 지난 인생을 되돌아보게 된다. 한 달 내내 짜증과 피로를 참은 대가로 겨우(?) 200~400만 원을 받는 직장생활에 회의감이 느껴지고 이 좋은 걸(?) 그동안 왜 모르고 살았는지 안타까움이 가득해진다. 그리고 '행복회로'가 돌아가기 시작한다.

"조금 배운 것만으로 이 정도 수익을 냈으니 아예 제대로 공부하고 전업 투자를 하면 더 많은 수익을 내지 않을까?"

자신감과 용기가 샘솟는다.

"평범한 직장인이었던 내가 알고 보니 주식 천재?"

뒤늦게 발견한 자신의 재능을 하루라도 더 빨리 계발하기 위해 서점으로 달려간다. 웬만한 주식투자 책들이 한 번씩은 다루는 '복리의 마법'은 너무나 매혹적이면서 과학적으로 들린다.

"평범한 직장인이었지만 단돈 수천만 원으로 증시에 뛰어들어 몇 년 만에 수백억 원대 자산가가 됐다고?"

증상이 여기까지 진행되고 나면 복리의 마법이 양(+)의 방향뿐만 아니라 음(-)의 방향으로도 일어날 수 있다는 사실 정도는 사소한 문제다. 한 번 발동 걸린 행복회로에는 브레이크가 없다.

"적금 깨고 이리저리 모으면 여유 자금이 1천만 원 정도 되니까 상한가 27번만 먹으면 100억 원이 넘네? 상한가를 매일 먹을 수는 없으니 넉넉하게 한 달에 한두 번으로 잡고, 그럼 못해도 3

년 내로 100억 원 이상 모으겠네!"

머릿속에서는 벌써 100억 대의 부자가 되었다.

이후 손실을 보더라도 달라지는 것은 없다. 고수들의 조언대로 손절매했음에 만족하며 심신을 안정시키고 "다음 매매로 따서 메우면 돼! 시장에 수업료 낸 셈 치지!"라고 호탕하게 외치며 약간 줄어든 자신감과 용기를 되찾는다. 처음 수익이 초보자의 행운이라고는 절대 생각하지 않는다.

다소 과장한 면은 있지만 생각하는 방식이나 흐름 자체는 실제와 크게 다르지 않다. 대부분의 주린이가 한 번 정도는 빠져보는 흔한 몽상이다. 나도 마찬가지였다.

그리고 경험자로서 결론적으로 말하면 주린이들의 전업 투자는 절대적으로 말리고 싶은, 바닥이라고 안심했다가 지하실로 빠져본 경험이 없어 떠올릴 수 있는 용감한 발상이다. 개인투자자든 기관투자자든 그 어떤 전업투자자도 본업을 관두고 주식투자 하라고 권하지 않는다. 증권시장에서 퇴출당한 개인투자자들의 경험담을 반드시 읽어보기를 바란다. 인터넷에 널려 있다.

투자 수익률이 시장 수익률market return, 즉 증시 지수의 상승률을 능가할 때 "시장을 이겼다"라고 말한다. 워런 버핏이나 피터 린치가 최고의 투자자들로 손꼽히는 이유는 수익금의 규모가 큰 것도 있지만 더 큰 이유는 그들이 수십 년간 일정 수준 이상의 수익률을 꾸준히 유지하며 시장을 계속해서 이겼기 때문이다.

0% 이상의 수익률을 꾸준히 내기는 매우 어렵고 시장을 꾸준히 이기기는 더 어렵다. 한두 번 시장 수익률을 능가하는 투자 수익률을 낼 수는 있다. 하지만 투자 규모가 늘어날수록 투자 기간이 길어질수록 시장을 꾸준히 이기기는 점점 더 어려워진다.

월스트리트건 동여의도건 투자의 최전선에서 근무하는 사람들은 절대다수가 똑똑하고 근면한 엘리트들이다. 이런 엘리트들이 팀을 짜서 온종일 시장과 증권만 연구하고 분석하는데도 시장을 이기는 펀드매니저는 생각보다 많지 않다. 워런 버핏과 뉴욕 소재 헤지펀드 운용사 프로테제 파트너스Protege Partners의 '10년 수익률 내기[9]'는 유명한 일화다.

이렇듯 투자에 대한 전문적인 교육과 훈련을 받고 투자를 업으로 삼는 엘리트 기관투자자들조차 매년 시장을 이기는 경우는 드물다. 그런데 제대로 된 투자 공부도 한 적 없는 개인투자자가 어쩌다 운 좋게 한두 번 낼 법한 큰 수익을 매번 낼 수 있다고 생각한다면 오만한 착각이다. 버핏이 개인투자자들에게 개별 종목 투자보다는 시장 전체에 투자하는 인덱스펀드를 권하는 이유다.

자신의 능력을 과대평가하는 실수는 둘째 치더라도 연 한 자릿수의 수익률만 올려도 생활이 가능할 정도의 투자 자본금이

---

[9] "222만 달러 두고 워렌 버핏 vs 헤지펀드 '세기의 대결' … 버핏 압승" (아시아경제, 2018년 1월 1일)

있는 게 아니라면 고정 수입이 없을 때의 부담감은 생각보다 엄청나다. 특히 증시의 전반적인 상황이 안 좋을 때라면 더욱 그렇다. 단타든 가치투자든 마찬가지다.

단타의 생명은 칼 같은 손절매다. 시장에 진입할 때 세운 예측과 시장이 다르게 돌아가면 손실 규모가 얼마가 됐든 바로 손절매한 후 홀홀 털어버려야 한다. 그러나 여차하면 생기는 매매 손실을 메울 수 있는 고정 수입이 있다면 모를까, 모든 경제활동을 주식 매매에만 의존하는 상황에서 밑천인 원금을 까먹는 손절매를 칼같이 하기란 쉽지 않다. "어, 어!" 하는 사이에 눈덩이처럼 불어나는 손실은 단타에 손대는 주린이라면 모두가 통과의례처럼 겪는 일이다.

고정 수입의 중요성은 단타에만 한정되지 않는다. 가치투자에서 흔히 "주가는 기업가치에 수렴한다"라고 표현한다. 저평가된 훌륭한 기업을 찾아내 투자했더라도 당장 수익을 낼 수는 없다. 저평가된 종목이 시장에서 정당한 평가를 받고 주가가 상승하려면 짧게는 수개월, 길게는 수년이 걸린다.

은퇴한 1990년에 140억 달러[10]를 운용했던 피터 린치는 심지어 "20년이나 그 이상이 적절한 투자 기간"이라고까지 말했다. 그 정도로 긴 기간은 아니더라도 고정 수입이 없다면 투자 이

---

[10] 현재 가치로 약 33조 원이다.

익을 실현할 때까지 무슨 돈으로 생활할 건가?

　1장에서 자세히 설명했듯 노동력이나 돈 중 하나만 사용할 때보다 노동력과 돈을 모두 사용할 때 자산 증식 속도가 훨씬 빠르다. 근로소득과 금융소득을 둘 다 만들 수 있다면 굳이 하나를 버릴 필요가 없다.

04
종잣돈을 만드는 돈 공부의 시작, 재테크

'재財-테크technology'를 직역하면 '재화를 다루는 기술'이다. 쉽게 말해 돈 공부다. 따라서 부동산 투자나 주식투자 역시 재테크의 일환이지만 일반적으로 재테크는 일상생활 돈 관리, 종잣돈 만드는 법, 돈을 대하는 법을 가리키니 여기에 맞춰 이야기하겠다.

일반적인 재테크 방법론 책을 추천하고자 하나씩 훑어보니 별의별 '-테크'가 다 있었다. '샤테크', '슈테크', '앱테크', '짠테크'⋯. 본 책은 주식투자 책이지 재테크 책이 아닐뿐더러 나는 체질적으로 자잘한 재테크가 맞지 않아 이런 방법들은 따라 한 적도 없다. 방법론적으로 공부한 적도 경험한 적도 없으니 소개할 만한 '○○테크'는 없다. 그러니 '돈 공부' 차원에서의 재테크에 한정해서만 이야기하고자 한다. 주식투자에 필요한 종잣돈을 만들기 위해 처음 돈 공부를 시작한 때부터 지금까지의 경험을 토대로 밝히는 견해다.

내 생각에 재테크의 핵심은 '수입이 지출을 능가하는 구조 설계'다. 버는 것보다 덜 쓰거나 쓰는 것보다 더 벌면 된다. 방법론적으로는 절약과 저축을 통한 지출 조정이냐 소득 증가를 통한 수입 조정이냐의 차이인데 어느 쪽이든 축적 자본은 증가한다. 우선순위를 굳이 나누자면 절약과 저축이 먼저고 소득 증가는 그다음이다.

소득은 속성에 따라 크게 단발성 소득과 고정소득으로 분류된다. 우리가 '고정 현금흐름'의 의미로 사용하는 소득은 퇴직소득과 양도소득 등 단발성 소득을 제외한 근로소득과 사업소득 등의 고정소득을 가리키므로 여기서도 이에 관해 이야기하겠다.

고정소득의 속성은 생산함수로 정리하면 간단히 이해할 수 있다. 자산 축적 수단은 근로소득을 만드는 노동(L)과 금융소득을 만드는 돈(K) 둘 뿐이다. 여러 고정소득 중 근로소득은 노동(L)으로 얻는다. 그렇다면 나머지 고정소득은 돈(K)으로 얻어야 한다는 뜻이다. 즉, ○○테크는 노동 외의 수단으로 고정 현금흐름을 창출하는 방법, 다시 말해 돈을 일하게 만드는 방법이다. 결국 재테크 역시 "진정한 자본가"가 되는 방법으로 귀결된다.

그런데 비싼 돈 주고 배운 경제학에서는 정작 돈으로 돈을 버는 방법인 재테크를 안 가르쳐줬다. 어쩔 수 없이 재테크의 원리는 따로 익혀야 했다. 107쪽의 추천 도서 목록 중 처음 다섯 권이 이때 읽은 책들이다. 이 다섯 권이면—한 권만 제대로 이해해도—평생 알아야 할 재테크 지식은 다 갖출 수 있다고 생각한다.

내 경우 책에서 배운 바를 내 상황에 맞게 적용해 20대 중반에 3년 동안 순 현금 2억 원 정도를 벌었다. 2억 원이 경제적 자유를 얻었다고 말할 정도의 액수는 아니지만 연령대와 기간을 고려했을 때 일반적인 의미로 사용되는 재테크의 원리는 터득했다고 생각한다. 2억 원이면 무엇을 하든 종잣돈으로는 충분한 규모니까.

나는 이 정도면 됐다 싶어 책의 검증(?)이 끝난 후부터는 재테크에 관심을 껐고 그 이후로는 재테크 책을 읽지 않았다. 그러나 본 원고를 작성하던 중 주린이한테는 이 책들이 다소 추상적인 내용을 이야기한다고 느껴질 수도 있겠다는 생각이 들었다. 그래서 우리나라 재테크 책이라면 혹시 더 도움이 될까 싶어 여러 책을 훑어봤고 개중 세 권을 추가한다.

『돈의 속성』은 인터넷에서 화제가 됐던 스노우폭스Snowfox Group 김승호 회장의 강연을 정리한 책이다. 우리나라 저자가 쓴 재테크 책 중 내가 읽은 다섯 권과 가장 유사하다.

『20대에 시작하는 자산관리 프로젝트』는 높은 수준의 이론과 실무 경력을 두루 갖춘 금융 전문가로 유명한 영주 닐슨Youngju Nielsen 교수의 책이다. 구체적인 재테크 기법의 토대인 자산 설계를 설명한다. 돈을 일하게 하는 방법에 있어 재테크가 전술이라면 자산 설계는 전략이다.

마지막으로 『사회초년생 월급으로 살아남기』는 가장 평범한

—대중적인—유형의 재테크 책이다. 내가 서점에서 읽어본 비슷한 유형의 재테크 책 중에서는 그나마 가장 나아 보인다.

　주식투자는 둘째 치고 돈의 흐름을 연구하는 금융이 무엇인지 아예 모르는 수준이라면 일단 기초적인 재테크를 시작으로 조금씩 공부의 양과 수준을 늘려나가자.

외국 재테크 추천 도서(내가 재테크를 공부할 때 도움받은 책)

『부자 아빠 가난한 아빠Rich Dad Poor Dad』 1편*

『돈과 인생의 비밀ユダヤ人大富豪の教』

『부자가 되려면 부자에게 점심을 사라普通の人がこうして億万長者になった』**

『스위스 은행가가 가르쳐주는 돈의 원리The Zurich Axioms』

『이웃집 백만장자 변하지 않는 부의 법칙The Next Millionaire Next Door』

국내 재테크 추천 도서

『돈의 속성』

『20대에 시작하는 자산관리 프로젝트』

『사회초년생 월급으로 살아남기』***

---

*   해당 시리즈가 엄청 많다. 딱 1편만 읽을 것을 추천한다.

**   절판되었으나 중고 서점에서 쉽게 구할 수 있다.

***   재테크라는 주제가 너무 광범위하다 보니 기법을 다루는 책도 엄청나게 많다. 재테크를 아예 모르는 2030 사회초년생에게는 꽤 큰 도움이 될 만한 책이나 강력히 권할 정도는 아니라고 생각한다. 다른 추천 도서들도 전부 마찬가지지만, 특히 구체적인 재테크 기법에 관한 책은 여러 책을 직접 읽어보고 자신의 상황에 맞는 책을 고르기를 바란다.

05
시장에게 내는 수업료

3장에서 더 자세히 설명하겠지만 단타든 가치투자든 자신에게 맞는 매매 방식을 찾는 게 먼저다. 종잣돈을 이용한 첫 실전 투자에서는 당장 엄청난 수익을 내겠다는 생각보다 시장에 수업료를 내며 자신에게 맞는 매매 방식을 찾는다는 생각으로 임하는 게 좋다. 실탄사격을 할 때 영점을 맞추는 것과 같은 이치다.

정말 정석적인 실전 투자 공부는 아주 조심스럽게 이루어진다. 일단 자신이 공부한 종목들을 한 주씩만 매수한 후 주가의 흐름을 추적한다. 그리고 매매 일지를 쓰면서 자신의 매매를 점검하고 개량한다. 이를 계속해서 반복한다. "1천만 원으로 1억 원을 열 번 만들 실력이 못 되면 실전 투자에 거액을 넣으면 안 된다"라고 까지 말하는 재야 고수도 봤다. 나는 제품의 설명서를 찬찬히 읽어보기보다는 일단 포장지부터 뜯고 버튼을 눌러보며 설명서를 읽는 타입이라 실전 투자를 이렇게까지 엄격하게 연습하지는 않았다.

내가 첫 실전 투자에 사용한 초기 자금은 200만 원이었다. 100만 원은 실제 매수에 사용하고 나머지 100만 원은 추가 매수 등에 필요한 여유 자금으로 보유하는 식이었다. "천천히 망하려면 자식을 유학 보내고 빨리 망하려면 주식투자를 하라" 같은 농담 아닌 농담들이 너무 신경 쓰였다. 나는 내 돈으로 둘 다 하고 있었으니까. 모자란 유학 경비 보충하려고 주식투자를 시작한 입장에서 첫 주식투자부터 거액을 밀어넣을 용기는 없었다.

이후 월급 일부를 꾸준히 투입해 조금씩 투자 규모를 늘려나 갔다. 그러다 전체 투자금 규모가 700만 원 정도가 됐을 때 테마 주를 잘못 잡았다가 멘탈이 나가버렸다. 결국 누적 손실 15% 정도로 투자를 중단하는 바람에 책에서 본 투자 고수들처럼 종잣 돈을 수백 배로 불리겠다는 야무진 꿈은 그냥 꿈으로 끝났다.

비록 꿈을 현실로 이루어내지는 못했지만 투자금을 다 날리는 최악의 경우더라도 인생에는 큰 영향이 없는 수준의 손실이었 다. 그만큼 실패에 대한 부담도 상대적으로 적었다. 손실에 대한 부담이 적으니 자연스레 단타부터 가치투자까지 수십 가지의 기 법들을 시도해보며 다양한 실전 경험을 쌓을 수 있었다. 이때 여 러 증시 격언과 학습 이론을 몸으로 직접 겪었다. 덕분에 훨씬 규 모가 커진 이후의 실전 투자들에서 멘탈을 잘 관리하며 큰 실수 를 피했다.

처음부터 승승장구해 단 한 번의 실수나 실패 없이 종잣돈을 수십, 수백 배로 불릴 수 있다면 최고다. 하지만 소액이든 거액이든 돈이 걸린 문제를 그렇게 낙관적으로만 기대하는 건 위험하다. 내가 투자할 때는 물론이고 어떤 일을 진행할 때마다 되새기는 영어 격언이 있다.

"Hope for the best, but plan for the worst."

최선의 결과를 목표하되 항상 최악의 경우를 대비하는 유비무환의 자세가 필요하다. 아무리 정교한 이론이더라도 현실과는 괴리가 있을 수밖에 없다. 투자자는 실전을 통해 이론과 현실 사이의 괴리를 줄여야 한다. 이 과정에서는 십중팔구 손실을 볼 수밖에 없다. 종잣돈을 이용한 첫 실전 투자를 영점사격에 비유한 이유다. 영점을 맞출 때부터 과녁에 적중하기는 어렵지 않은가.

시장에 수업료를 낸다는 건 이런 의미다. 신중하게 생각하고 판단했으면 충분히 피할 수 있었던 손실을 낸 후에 "원래 이렇게 배우는 거"라고 정신승리 하는 게 아니다. 돈을 낸 만큼 배운 게 있어야 수업료다. 똑같은 내용 배우는데 수업료를 두 번, 세 번 낼 이유가 없다.

"

그런데 무엇보다 중요한 사실은
투자가 재미있다는 것이다.
거대한 투자 세상에 맞서 개인이 능력을 발휘하여
재산 증식으로 보상받는다는 것은
무척이나 신나는 일이다.
가령 투자 실적을 확인하고, 그 소득이 봉급보다
더 빠른 속도로 쌓이는 흐름을 지켜보면 신난다.
대개 성공적인 투자자는 본능적인 호기심과
왕성한 지적 욕구로 가득한 균형 잡힌 사람이다.

"

『랜덤워크 투자수업 A Random Walk Down Wall Street』 중에서

"다른 사람을 따라 하지 말고
자기 몸과 자기 손에 적당한 무기를 가져야 한다."

미야모토 무사시 宮本武蔵

제3장

나한테 맞는
매매 방법 찾기

투자법에는 선악이 없다.

01
단타 vs 가치투자

꿈은 하이브리드인데 현실은 잡종이야

단타는 "방망이를 짧게 쥐고 친다"라는 뜻의 야구 용어다. 방망이를 짧게 쥐고 치면 힘이 적게 들어 빠르게 휘두를 수 있지만, 그 대신 방망이를 길게 쥐고 칠 때보다 휘두르는 거리가 줄어듦으로 야구공을 때리는 힘의 크기도 더 작다(59쪽 '작크방').

주식투자에서 단타는 짧은 매매로 작은 시세 차익을 노리는 매매 기법을 의미한다. 야구와 마찬가지로 단타는 가치투자보다 더 잦은 수익을 내지만 더 큰 수익률을 내는 경우는 굉장히 드물다. 주식 단타로 한 종목에서 수익률 1,000%, 소위 '10루타'를 치는 건 불가능하다.

반면 가치투자는 한 번 터지면 쭉쭉 날아가지만 이런 기회가 쉽게 오지 않는다. 어찌어찌 좋은 종목을 발굴했어도 이 종목이 날아오를 때까지 계속 점검하고 인내해야 한다. 가치투자자는 좋은 공을 신중하게 고르다 최후의 순간에 방망이를 뻗는 장타자와 같다.

투자 공부를 제대로 시작할 무렵 고수들에게 많이 들었던 조언 중 하나가 "처음 매매를 시작할 때 단타를 칠 건지 가치투자를 할 건지 스타일을 확실히 정해야 한다. 안 그러면 나중에 이도 저도 안 된다"였다. 그때는 '둘 다 할 줄 알면 좋은 것 아닌가?'라고 생각했었는데 시간이 지나면서 고수들이 왜 그런 조언을 했는지 자연스레 이해하게 됐다.

단타와 가치투자를 양수겸장 할 수만 있으면 최고다. 문제는 서로의 약점을 보완해 위력이 늘어나기보다는 매매 원칙이 충돌해 오히려 위력이 줄어드는 경우가 더 많다. 매매의 관점이 다르기 때문이다. 일단 단타와 가치투자의 원리와 특징에 대해 알 필요가 있다. 모든 원리와 특징을 다 설명할 수는 없으므로 매매 관점과 관련된 큰 줄기만 설명하겠다. 단타의 기본 전제는 크게 두 가지다.

① 역사는 항상 반복된다.

개별 종목이든 시장이든 일정한 규칙 또는 주기를 띠며 움직이므로 과거 가격의 패턴을 분석하면 미래 가격의 움직임을 어느 정도 예측할 수 있다. 따라서 매매할 때는 현재 주가가 보이는 패턴과 비슷한 과거 사례를 참조하면 된다.

② 시장은 모든 걸 알고 있다.

　시장 참가자가 아는 내용이든 모르는 내용이든 시장의 '보이지 않는 손'이 해당 종목과 관련된 모든 내용을 이미 주가에 반영시킨 상태다. 주가는 시장에 의해 조율된 현재 가격이 항상 적정 주가이므로 저평가되거나 고평가된 주식은 없다. 즉, 주가가 싸면 싼 이유가 있는 것이고 비싸면 비싼 이유가 있는 것이다. 투자자는 몰라도 시장_{Mr. Market}께서는 다 알고 계신다.

　따라서 매매는 기업·산업·경제의 동향 분석으로 적정 주가를 예측하는 것이 아니다. 매매는 시장이 이미 적정 주가를 결정해준 현재 주가의 움직임만을 참조해 대응하는 것이다. "매매는 예측이 아니라 대응이다"라는 말이 여기서 나왔다.

반면 가치투자의 기본 전제는 딱 하나뿐이다.

① 주가는 기업가치에 수렴한다.

　주식을 보유한다는 건 기업의 일부를 소유한다는 것이다. 따라서 주식의 적정가격은 기업의 적정 가치에 따라 달라진다. 즉, 현재 주식의 시가총액이 기업의 내재 가치_{intrinsic value}보다 비싸다면 고평가된 종목이고 싸다면 저평가된 종목이다. 그러므로 투자란 내재 가치 대비 저평가된 종목, 다시 말해 시장이 그 가치를 제대로 모르는 기업의 지분 일부를 보유한 후 해당 종목이 기업의 가치에 준하는 정당한 (재)평가를 받을 때까지 기다리는 것이다. 당장은 아닐지라도 주가는 기업가치에 종속돼있으므로 언젠가는 반드시 기업가치에 걸맞은 가격을 찾아간다. 즉, 주가는—시차가 있을지언정 궁극적으로는—항상 기업가치와 동행한다.

단타와 가치투자 둘 다 나름의 타당한 논리가 있다. 그러나 단타와 가치투자를 동시에 적용할 경우 주식의 적정가격에 대한 관점의 차이로 인해 문제가 발생한다.

내가 코로나로 증시가 녹아내리기 시작하던 2020년 초에 눈여겨봤던 모 코스닥 종목을 예로 들어보겠다. 이 기업은 부채도 없다시피 하고 이익률도 굉장히 좋았다. 2019년 4분기에는 당해 분기별 실적 최고치를 갱신할 것으로 전망됐다. 기발표된 2019년 3분기까지의 재무제표만 보더라도 영업이익operating income과 순이익net income 모두 2018년 전체의 영업이익과 순이익보다 높았다. 그냥 높았던 것도 아니다. 영업이익과 순이익 모두 전해 대비 상승률이 각각 80%에 육박할 정도였다.

2019년 전체 실적이 2018년 전체 실적보다 높았다는 말이 아니다. 2019년 9월까지의 실적이 이미 2018년 전체 실적의 180%가량이었는데 심지어 여기서 실적이 더 상승할 추가 여력까지 있었다는 말이다. 그런데 정작 주가는 전해 최고점 대비 반

토막 난 상태였고 추세는 반년째 하락세였다.

여기서 차티스트와 가치투자자의 선택이 갈린다.

단타를 치는 차티스트의 선택은 아주 명확하다. 일봉과 주봉은 전부 역배열에 일 평균 거래량도 10만 주가 안 되는 종목의 차트를 5분 이상 쳐다보고 있는 것부터 시간 낭비라고 생각할 것이다.

가치투자를 하는 가치투자자라면 이야기가 조금 다르다. 준비한 자금 중 일부만 투자한 후 추이를 지켜보는 방식인 '보초병' 투입을 하거나, 최근 3~5년 치의 사업보고서와 기업공시를 꼼꼼히 읽어보며 재무 건전성을 분석하고, 경영진의 경영 능력을 검토하고, 해당 기업의 시장점유율과 해당 기업이 속한 산업의 동향과 전망을 조사한 후 포트폴리오에 신규 편입 여부를 결정할 것이다.

두어 달이 지난 후 2019년 4분기 실적이 발표됐다. 전망대로 2019년 분기별 실적 최고치를 경신하며 창사 이래 최대 흑자를 냈다. 그런데도 주가는 하락세를 멈췄을 뿐, 전해 최고점 대비 반 토막 난 상태에서 크게 벗어나지 못했다.

여기서도 단타를 치느냐 가치투자를 하느냐에 따라 선택이 갈린다. 설명의 편의를 위해 차티스트와 가치투자자 모두 해당 종목을 연초에 매수했었다고 가정해보자.

차티스트의 선택은 이번에도 명확하다. 매수 직후 며칠 동안 주가의 별다른 움직임이 없는 걸 확인하고 이미 모든 보유 물량을 털어낸 후일 가능성이 99.9999%다.

만에 하나 실적 발표 때까지 보유 물량을 쥐고 기다렸다면 "추세에 역행하지 말라"라는 단타의 기본적인 매매 원칙을 어긴 스스로를 질책하며 매수 세력이 들어올 때 전량 매도할 것이다. 차후 해당 종목을 '잡주' 취급할 가능성이 매우 크다.

하지만 가치투자자의 경우 자신이 처음 매수했을 때 조사한 사실 중 달라진 사실이나 자신이 놓친 사실이 있는지 먼저 확인할 것이다. 확인 후 그런 사실이 없다면 오히려 좋은 기업을 싼 가격에 더 많이 보유할 좋은 기회라며 기쁘게 추매할 것이다. 그런 사실이 있다면 자신이 생각하는 적정 주가를 새로 계산해 매도 시기를 잡을 것이다.

이렇듯 같은 상황이라도 차티스트의 관점을 따르느냐, 아니면 가치투자자의 관점을 따르느냐에 따라 매매 판단이 달라진다. 그리고 주린이라면 자연스럽게, 그럼 둘 중 뭐가 맞는 판단이냐는 의문을 품게 된다.

결론부터 말하면 둘 다 맞다. 더 정확히 말하자면 어느 한쪽이 틀렸다고 할 수는 없다.

두 방식 모두 '매매로 수익을 낸다'라는 목적을 달성하는 데 있어 각자 타당한 논리가 있다. 그리고 둘 다 이론적으로만 그럴싸한 것이 아니라 이미 실전성도 증명됐다.

주식의 가격을 중요시하는 차티스트와 기업의 가치를 중요시하는 가치투자자의 우열을 가리는 해묵은 논쟁에는 셀 수 없이 많은 갑론을박이 있다. 개인적으로는 권투가 세냐 극진공수도가 세냐 수준의 논쟁이라고 본다. 권투가 강한 게 아니라 마이크 타이슨이 강한 것이고 극진공수도가 강한 게 아니라 최배달이 강한 것이다.

지금까지도 가장 보편적인 단타 기법으로 쓰이는 추세추종법의 창시자인 제시 리버모어Jesse Livermore는 14살에 단돈 5달러를 들고 가출해 1929년에 1억 달러[11]를 벌어들인 전설적인 차티스트다. 현존하는 최고의 가치투자자 중 하나인 피터 린치는 1977년에 운용 규모 1,800만 달러로 시작한 마젤란 펀드Magellan Fund를 13년 후 140억 달러[12]로 키워냈다.

제시 리버모어와 피터 린치를 대표적 예시로 들었을 뿐, 제도권 투자자들뿐만 아니라 개인투자자 중에서도 단타와 가치투자 두 방식 다 큰 수익을 낼 수 있음을 증명하는 사례가 무수히 많은데 둘 중 뭐가 더 나은지를 따지는 게 대체 무슨 의미가 있는 논쟁인가.

개인투자자로서 3조 원을 벌어들인 차티스트와 기관투자자

---

[11] 현재 가치로 약 3조 1천억 원이다.
[12] 현재 가치로 약 33조 원이다.

로서 33조 원을 운용한 가치투자자 중 누가 더 우수한 투자자인가? 이걸 명확하게 가릴 수 있는 기준이 존재하긴 할까? 나로서는 예송 논쟁만큼이나 이해할 수 없는 논쟁이지만 굳이 의견을 밝히자면 무술의 우열에 대한 생각과 동일하다.

단타가 더 우수한 방식인 게 아니라 제시 리버모어가 매매를 잘한 것이고 가치투자가 더 우수한 방식인 게 아니라 피터 린치가 투자를 잘한 것이다. 느긋한 성격을 가진 사람에게 제시 리버모어의 호가창 매매를 가르친들 따라 할 수 있을까? 급한 성격을 가진 사람에게 "20년이 적정 보유 기간"이라는 피터 린치의 투자철학을 설명한들 지킬 수 있을까? 이들이 호가창 매매나 장기투자로 수익을 못 냈다고 해서 단타나 가치투자가 틀린 방식인가?

어떤 무술이 됐든 일반인은 같은 체급의 무술인을 절대 이길 수 없다. 태권도의 실전성도 말이 많지만 권투나 무에타이 1~2년 배운 일반인은 태권도 선수 출신과 붙으면 간합間合을 제대로 재지도 못하고 두들겨 맞는다. 기본적인 운동량과 운동에 들인 세월부터 다르기 때문이다. 어떤 무술이든 실전성 없는 무술은 없다.

마찬가지로 어떤 매매 기법을 사용하든 수익은 난다. 절대 수익을 낼 수 없는, 정말 쓸모없는 기법이라면 진작 사장돼 사라졌을 것이다. 증권시장만큼 돈에 민감한 곳이 또 있는가.

앞에서도 수차례 말했듯—이렇게 계속해서 반복해 설명할 정도로 중요하다는 의미다—경제 이론이나 매매 기법을 아는 것도 중요하지만 더 중요한 건 올바른 투자철학과 매매 원칙을 세우고 이를 일관되게 지키는 것이다.

그러나 매매를 바라보는 관점, 즉 투자철학 또는 매매 원칙이 완전히 다른 단타와 가치투자를 동시에 적용할 경우 일관성을 지킬 수가 없다. 단타와 가치투자를 섞으면 전천후의 하이브리드가 되기보다는 이도 저도 아닌 잡종이 될 확률이 더 높다.

주린이들의 매매에서 흔히 보이는 최악의 경우가 주가만 보고 단타로 들어갔다가 물린 후에 기업가치를 찾는 가치투자자로 전향하는 매매다. "주가는 장기적으로 우상향한다"라는 믿음 아래 "나 죽기 전에는 오르겠지! 안 오르면 증여하면 돼!" 식으로 무작정 버티는 매매는 가치투자가 아니다. 이런 매매는 전문용어로 '기도매매'라고 한다.

단타와 가치투자를 조화롭게 섞기 위해서는 두 방식 모두에 대한 깊은 이해가 있어야 한다. 각 방식을 둘 다 제대로 공부하지 않고 함부로 실전에서 혼용했다가는 '기도매매 학파'로 비자발적인 사상 전향을 하게 된다.

1장에서 수차례 강조했듯 아는 기법의 가짓수가 늘어난다고 투자 수익률이 올라가지는 않는다. 가진 무기의 수가 많아질수록 더 강해진다면 쌍검술은 왜 역사의 뒤안길로 사라졌을까.

02
단타가 가치투자보다 더 배우기 쉽다는 오해

개인투자자들은 흔히 재무제표를 보는 가치투자보다 차트 위주로 보는 단타가 더 쉽다고 생각한다. 절대 그렇지 않다. 개인적인 생각으로 학습 측면에서는 오히려 단타가 가치투자보다 더 어렵다.

가치평가의 기본인 재무제표 분석법을 예로 들면 회계원리·중급회계·고급회계로 공부의 난이도를 나눌 수 있는 것처럼 가치투자자들 사이에서는—어느 정도 수준까지는—정답 혹은 의견이 일치하는 답이 존재한다.

반면 기술적 분석의 기본인 이동평균선(이하 이평선) 분석법을 예로 들면 이격도Disparity Index, 볼린저 밴드Bollinger Band, 엔벨로프 Envelope 등 같은 지표를 두고도 각 기법 창시자의 해석이 완전히 달라지는 것처럼 차티스트들은 전부 관점이 다르다.

또한 가치투자의 분석법은 "순이익이 늘어나면 좋다"처럼 어느 정도 공식화가 가능하다. 재무제표에서 비중을 두고 보는 지표들은 한정돼있기에 재무분석에 주로 사용하는 기법의 가짓수 역시—가치투자 자체가 아니라 가치투자의 일부인 재무분석에 한정해 이야기하자면—유한하다. 증권사 애널리스트들의 예상 실적과 주가가 서로 비슷한 컨센서스consensus라는 개념이 존재하는 이유다.

그러나 기술적 분석은 기법이나 참고해야 할 신호가 훨씬 더 많을뿐더러 위에서 이평선을 예시로 들었던 것처럼 각 기법과 신호를 해석하는 관점의 가짓수 역시 무한에 가깝게 많다. 예를 들어 이격도 매매를 주로 하는 차티스트들 사이에서도 일평선을 보느냐, 주평선을 보느냐, 월평선을 보느냐가 다르다. 일평선을 본다고 쳐도 2평선을 중시하느냐, 3평선을 중시하느냐, 5평선을 중시하느냐, 10평선을 중시하느냐, 20평선을 중시하느냐가 또 다르다.

개인투자자들 사이에 널리 퍼진 "가치투자만이 진정한 투자고 단타는 투기다", "재무제표 분석은 신경 써야 하는 항목이 많지만 차트 분석은 선만 몇 개 그어보면 된다" 식의 오류를 정정하기 위한 내 설명을 "가치투자는 쉽다"로 오해하지 말기를 바란다. 공식 몇 개 외우고 책 몇 권 읽어서 가치투자의 고수가 될 수 있다면 워런 버핏이나 피터 린치가 위대한 투자자로 추앙받을 이유가 없다.

일단 정확하게 짚고 넘어가야 할 부분은, 나는 "학습 측면에서" 단타가 가치투자보다 더 어렵다고 했다. 그리고 이는 철저히 사견임을 한 번 더 밝힌다. 또한 "단타가 가치투자보다 익히기 더 어렵다"와 "가치투자는 익히기 쉽다"는 같은 말이 아니다.

단타든 가치투자든 옆에서 도제식으로 가르쳐줄 고수 멘토가 없다는 전제하에 내가 주린이들에게 단타보다는 가치투자 공부를 추천하는 이유는 자가 진단이 가능하다는 점이다. 재무제표 분석법을 예로 들었듯 단타보다는 가치투자가 투자 공부의 깊이를 객관적으로 파악하기 쉽다. 멘토 같은 조력자 없이 공부를 하더라도 자신의 현재 수준을 어느 정도 정확하게 점검할 수 있다.

예를 들어 공인회계사CPA 시험은 우리나라든 미국이든 법적·행정적 효력을 지니는 국가 공인certified 면허증license을 발급한다. 회계사에게 기업의 재무 건전성과 재무 활동의 위법성을 정확하게 판단 가능한 재무·회계·상법 지식이 있음을 국가 차원에서 인정하는 것이다.

투자 전반에 대한 지식을 세세하게 물어보는 국제재무분석사CFA 시험은 일정 수준의 금융 지식을 지니고 있음을 명시하는 chartered 사단법인의 자격증certificate을 발급한다. CPA 면허증과는 다르게 법적 효력은 없으므로 CFA 자격증으로 무엇을 할 수는 없다. 하지만 영어 실력을 어느 정도 보여주는 토익이나 토플 점수처럼 자신의 금융 지식 수준을 확인하고 증명하는 수단으로는 사용할 수 있다.

그러나 기술적 분석은 면허증이나 자격증은 고사하고 성취도를 평가하는 시험 자체가 없다. 요즘은 대부분 프로그램을 사용하는 알고리즘 매매로 대체돼 전통적인 의미의 차티스트 자체가 적지만 제도권에서도 단타 교육은 도제식으로 이루어져 왔다.

그런데 아이러니하게도 도제식 교육으로 제대로 된 지식을 전수해줄 사수나 멘토조차 없는 개인투자자들은 대부분 기술적 분석을 익히는 게 쉽다고 생각하고 이를 실전 매매에서 사용한다. 물론 요즘 출간되는 책들은 그나마 덜한 편이고 자신이 실제 투자에 사용하는 깊은 수준의 개념까지 설명하는 개인 가치투자자들도 많다.

그러나 여전히 개인투자자들이 집필한 투자 책은 대부분—저자 자신이 사용하는—기술적 분석을 기반으로 한다. 이처럼 객관적으로 성취도를 평가하기 어려운 기술적 분석이 개인투자자들 사이에서 주로 사용되니 "이 바닥은 수익률이 깡패" 수준의 깡패 같은 주장이 힘을 얻고, 그 결과 검증도 어려운 수익률과 짬바를 앞세운 사기꾼들이 득시글거리게 됐다고 생각한다.

내가—투자 공부를 도제식으로 가르쳐줄 고수 멘토 없이 독학을 하는 주린이에게—기술적 분석보다는 가치평가를 권하는 이유에 타당성이 있다고 생각한다면 차트는 거래량과 주가를 확인할 수 있는 수준의 기초적인 내용만 익히고 가치투자 공부를 하면 된다. 타당성이 없다고 생각하거나 알고리즘 매매 독학이 가능한 수준의 이공학 배경지식이 있다면 기술적 분석 공부도 시도해보면 된다.

그러나 앞서 여러 차례 밝혔듯 위 내용은 어디까지나 내 사견에 불과하다. 수학이나 컴퓨터공학과 관련된 학위 소지자들만 기술적 분석으로 수익을 내는 건 아니다. 제시 리버모어는 제대로 된 정규교육조차 안 받았다. 본 책 역시 4장에서 전문적인 이공학 지식 없이도 이해할 수 있고 한 번쯤 읽어볼 만한 기술적 분석과 관련된 책들을 추천하고 있다. 다만 불특정 다수를 대상으로 이야기하는 책에서 객관적인 성취도 평가가 어려운 기술적 분석을 함부로 권하기는 어렵다. 나의 기우 정도로 이해해주길 바란다.

단타에 대해 너무 부정적으로만 이야기한 것 같아 마지막으로 한 번만 더 강조하자면 단타와 가치투자 중 뭐가 더 우수한 매매 방식이라고는 말할 수 없다. 따라서 투자 초기에는 둘 다 공부해 실전에서 시도해보면서 둘 중 자신에게 더 잘 맞는 방식을 찾기를 권한다. 자신의 기질, 학습 방식, 매매에 들일 수 있는 시간, 자금 규모 등 다양한 요소를 고려해야 한다.

성격이 느긋하고, 실전보다는 이론으로 학습하기를 선호하며, 위험성 회피 성향이 높고, 매매에 들일 수 있는 시간이 적고, 종목당—혹은 거래 횟수당—1억 원 이상의 자금으로 매매하거나 여유 자금으로 매매한다면 가치투자가 낫다. 반대의 경우 다음 소단원에서 소개할 '차트 게임'을 통해 차티스트로서의 자질을 알아보는 것도 좋은 방법이라고 생각한다.

03
투자와 투기 사이

단타와 가치투자의 우열을 논하는 논쟁만큼이나 오래되고 치열한 논쟁이 투자와 투기의 구분이다. "단타는 투기고 가치투자는 투자다" 같은 그럴싸하지만 잘 생각해보면 말도 안 되는 단순한 주장이 힘을 얻는 해묵은 주제다.

주의 깊은 독자라면 내가 여태까지 '트레이딩trading'이나 '투자investment'보다는 '매매' 또는 '거래'라는 표현을 주로 썼다는 걸 눈치챘을 것이다. trading은 영어 발음 그대로 읽으면서 investment는 우리말 뜻으로 읽는 부조화가 너무 어색하게 느껴지는 탓도 컸지만, 더 큰 이유는 위와 같은 오해 속에 퍼진 투자라는 우리말 표현의 선입견을 최대한 피하기 위함이었다.

정말 '단타=투기', '가치투자=투자'라면 '투기speculation'라는 단어가 따로 존재할 이유가 없다. 애초에 '가치투자value investing'를 굳이 '투자investment'와 구분할 이유도 없다. 영어에 조예가 있다면 투자는 명사형 어미(-ment)인데 가치투자는 동명사형 어미

(-ing)인 점부터 이상하다고 느낄 것이다.

우리말 뜻만 따져봐도 투자投資는 "자본資을 던진다投"라는 뜻이다. 속되게 표현하면 '판돈 베팅'이다.

단타건 가치투자건 돈도 안 걸고 매매를 할 수 있나?

또한 투자의 사전적 정의는 "이익을 얻기 위하여 어떤 일이나 사업에 자본을 대거나 시간이나 정성을 쏟음"이다. 단타건 가치투자건 자본도 안 대고 시간과 정성도 안 쏟고 매매로 이익을 얻을 수 있나? 그건 도박이다.

개인적으로 제일 황당하게 들리는 말은 "투자는 좋은 것, 투기는 나쁜 것"이다. 선악은 윤리적 개념이다.[13] 영국인 요리사는 악한 요리사인가? 가치투자의 창시자이자 워런 버핏의 스승인 벤저민 그레이엄의 설명을 보자.

"본격적인 투기는 불법적이거나 비윤리적인 것은 아니다. 그렇다고 지갑을 두둑하게 해주는 것도 아니다. 실제로 대부분 그렇지 못하다. 게다가 어떤 투기는 피할 수 없기도 하다. 주식투자에서 수익과 손실의 가능성은 언제나 동시에 존재하고, 그러한 위험은 당연시되기 때문이다."

『현명한 투자자The Inelligent Invester』 중에서

---

[13] 『메타윤리A Companion to Ethics』 일독을 권한다. 하다못해 고등학교 윤리 교과서라도!

그다음으로 황당하게 들리는 말은 "보유 기간이 짧으면 투기, 보유 기간이 길면 투자"다. "길고 짧은 건 대봐야 안다"라는 말처럼 길고 짧음은 절대적 개념이 아닌 상대적 개념인데 무엇을 기준으로 삼는 건가? 피터 린치가 "20년 보유할 종목에만 투자하라"라고 했으니 보유 기간 20년 미만의 매매는 전부 투기인가? 애초에 피터 린치의 운용 기간도 20년이 안 된다.

자세히 따져보면 이렇게 어처구니없는 주장들인데 사짜들은 하나같이 확신에 차서 자신만만하게 주장하니 주린이들이 헷갈린다.

언급할 가치도 없어서 넘기려고 했으나 혹시 몰라서 인터넷에 떠도는 흔한 헛소리 두 줄도 추가한다.

"수익 나면 투자고 손실 나면 투기다."

"내가 하면 투자고 남이 하면 투기다."

투자와 투기의 구분은 투자 대가들도 전부 생각이 다르다. 나는 가치투자의 창시자인 그레이엄의 정의에 가장 공감이 간다.

"투자란 철저한 분석에 근거하여 원금의 보장과 충분한 수익을 추구하는 행위다. 이러한 조건을 충족하지 못하는 행위는 투기다."

『증권분석*Securities Analysis*』 중에서

1장에서 '투자의 본질'을 "투입량보다 더 큰 산출량이 기대될 때 위험을 감수한다"라고 설명했다. 아무리 대형 우량주라 해도

주식은 기본적으로 고위험 금융상품이다. 기대 수익률과 위험성은 한 몸이므로 절대 위험하지 않은—손실 가능성 0의—투자는 없다. 그레이엄이 가치투자를 하더라도 손실 위험이 아예 없을 수는 없다고 말하는 이유다.

그러나 투기投機의 '기機'는 "위태롭다, 위험하다"를 의미한다. 그레이엄의 설명처럼 "수익과 손실의 가능성은 언제나 동시에 존재하고, 그러한 위험은 당연시되는" 투자도 위험하지만 투기는 그보다 더 위험하다는 뜻이다. 투기는 왜 특히 더 위험할까?

"계산된 확률probability에 기대는 매매 대신 무작위적인 가능성possibility에 기대는 도박"을 하기 때문이다. 무작위적인 가능성에 기대는 슬롯머신에는 지켜야 할 철학이나 원칙도, 철저한 분석도, 원금의 보장도, 그리고—잭팟이 터지지 않는 이상—충분한 수익도 없다.

> "대충 그럴 수도 있고 아닐 수도 있다는 겁니까, 아니면 확실히 계산해보고 말하는 겁니까?"
>
> *Is that a possibility or probability?*
>
> 영화「빅쇼트*The Big Short*」중에서

정리하자면 '단타냐 가치투자냐' 또는 '수익이 났냐 손실이 났냐'는 투자와 투기를 구분하는 기준이 될 수 없고 되어서도 안 된다. 단타와 가치투자의 근본적인 차이는 '매매의 관점'이지 투자냐 투기냐가 아니다.

또한 단타와 가치투자 둘 중 어느 기법을 사용하든 기대 수익률과 위험성이 합리적으로 도출된 매매는 투자다. 마찬가지로 무슨 기법을 사용하든 원칙·논리·근거가 없는 매매는 투기다.

내가 투자와 투기를 구분하는 개인적인 기준은 다음과 같다.

① 3W1H가 전부 있는가?
② 기대 수익률 대비 위험성이 적정한가?
③ 투자철학과 매매 원칙이 지켜졌는가?

셋 모두 '예'가 나오면 투자고 셋 중 하나라도 '아니오'가 나온다면 투기다. 보유 기간이 20년 1일이냐 19년 364일이냐가 아니라.

04
차트 매매의 종류

매매의 시작은 진입enter, 매매의 마무리는 청산close이라고 한다. 아직 포지션을 청산하지 않았으면 보유 중hold이라고 하는데 이 상태를 오픈 포지션open position이라고 부른다.

오픈 포지션은 상방을 예상하는 매입초과 포지션overbought position과 하방을 예상하는 매도초과 포지션oversold position으로 나뉜다. 흔히 전자는 롱 포지션long position, 후자는 숏 포지션short position이라고 불린다. '롱·숏을 잡다(치다)'라는 표현이 여기서 나왔다. 롱은 가격 상승을 예상한 오픈 포지션을, 숏은 가격 하락을 예상한 오픈 포지션을 구축했다는 의미다. 가치투자보다는 주로 단타나 파생상품 매매에서 사용되는 용어들이다.

주가를 중시하는 차트 매매, 흔히 단타라고 부르는 매매 방식은 포지션 보유 기간에 따라 초단타 매매high-frequency trading, 일중 매매day trading, 단기 매매swing trading, 포지션 매매position trading로 나눌 수 있다. 편의를 위해 일중 매매와 단기 매매는 각각 '데이 트레이딩'과 '스윙 트레이딩'으로 칭한다. 초단타 매매는 데이 트레이딩의 일종이지만 특성상 일반인은 할 수 없는 매매라서, 그리고 포지션 매매는 다른 단타와 결이 달라서 따로 분류했다.

어떤 방식이든 가격과 추세를 중시한다는 기본 원리는 똑같으므로 자세한 설명은 데이 트레이딩으로 한정하겠다. 데이 트레이딩에는 초단타, 스캘핑scalping, 그리고 평범한(?) 데이 트레이딩이 있다.

① 초단타

'초超-단타'라는 문자 그대로 단타 중에서도 매매 주기가 극도로 짧은—밀리세컨드 단위—매매 방식이다. 주기가 짧은 만큼 위험성이 작으며 그만큼 매 거래의 기대 수익률도 낮다.[14] 주식보다는 외환이나 선물옵션 등 파생상품을 거래할 때 사용한다.

② 스캘핑

"머리 가죽을 벗기다"라는 뜻의 영단어 'scalp'에서 파생된 용어다. 옛 북미 원주민들이 전리품으로 적의 시체에서 머리 가

---

[14] 금융상품의 보유 예정 기간이 길어질수록 위험성risk은 증가한다. 미래에 무슨 일이 일어날지 알 수 없는 불확실성uncertainty이 증가하기 때문이다. 증가한 위험성을 보상payoff할 프리미엄이 필요하므로 이자율, 즉 금리—또는 기대 수익률expected return rate—는 올라간다.

죽을 뜯어내던 관습에서 유래했다. 가죽을 벗겨내는 것처럼 조금씩 단기 차익을 쌓아 올리는 매매 방식이다.

단어의 뜻에서 드러나듯 스캘핑은 초단타와 마찬가지로 짧은 주기와 낮은 기대 수익률의 매매를 반복한다. 밀리세컨드 단위의 거래인 초단타보다 초와 분 단위 거래인 스캘핑의 매매 주기가 더 길고 스캘핑은 사람이 직접 할 수 있다는 차이만 제외하면 둘은 본질적으로 동일한 기법이다.

그래서인지 가끔 개인투자자 중에서 자신이 초단타를 한다고 주장하는 경우를 본다. 내 생각에는 초단타와 스캘핑을 헷갈린 게 아닌가 싶다. 초단타는 밀리세컨드 단위의 거래이므로 당연히 사람이 아닌 컴퓨터가 매매하고, 줄여서 퀀트quant라고 불리는 컴퓨터공학과 금융공학 전문가들이 활약하는 분야다. 일반인이 손댈 수 없는 영역이다.

참고로 퀀트는 "정량적인"이라는 뜻의 영단어 'quantitative'의 앞 글자를 딴 용어다. 수치 자료를 중심으로 분석하고 매매하는 투자를 통틀어 퀀트투자quantitative investing, 즉 계량투자라고 부른다. 그러나 퀀트는 일반적인 계량투자자가 아닌 초단타 매매와 흔히 시스템 매매라고 불리는 알고리즘 매매algorithm trading를 업으로 삼는 컴퓨터공학과 금융공학 전문가들을 의미한다. 퀀트 업무에 관심이 있다면 미국 메릴린치Merrill Lynch에서 퀀트 트레이더로 일했던 권용진 씨의 『인공지능 투자가 퀀트』를 추천한다.

③ 평범한(?) 데이 트레이딩

보통 개인투자자들이 말하는 단타란 포지션의 진입부터 청산까지 걸리는 기간이 2일 미만인 데이 트레이딩과 2일 이상인 스윙 트레이딩을 의미한다.[15] 스윙 트레이딩은 일반적으로 포지션 진입 후 2일~3주에 걸쳐 청산한다. 구체적으로 정해진 청산 기간은 없다.

데이 트레이더day trader 중에서도 호가 차익을 노리고 수십, 수백 번의 매매를 하는 거래자는 따로 스캘퍼scalper라고 불린다. 스캘퍼는 일반적으로 1~3분 봉을 기준으로 장중 거래량이 매우 활발한 종목을 골라 잔파동을 여러 번 타고 내리는 매매를 한다. 반면 데이 트레이더는 일반적으로 20분 봉이나 30분 봉을 기준으로 장중 큰 시세를 분출하거나 분출할 기미를 보이는 종목을 골라—스캘퍼의 매 거래 기대 수익률보다는—보다 큰 파동을 노리는 매매를 한다. 물론 앞서 말했듯 트레이더마다 선호하는 차트가 제각각이라 1분 봉, 2분 봉, 3분 봉, 10분 봉, 15분 봉, 20분 봉, 30분 봉 등 추세를 보는 단위도 다양하다. 정해진 기준은 없다.

전업 데이 트레이더들의 하루는 보통 새벽 4시, 아무리 늦어

---

[15] 장 마감 동시호가 또는 마감 후 시간외거래를 이용한 종가 매매는 엄밀히 말하면 스윙 트레이딩에 속하겠으나 일반적으로는 데이 트레이딩의 하나로 간주한다.

도 아침 5~6시부터 시작된다. 우리나라 증시는 세계 증시에 영향을 많이 받으므로 국내 장이 마감한 오후 3시 30분부터 국내 장이 열리는 다음날 오전 9시까지 다른 나라들에서 무슨 일이 일어났는지 파악해야 매매 전략을 세울 수 있다. 우리나라 증시는 특히 다우존스와 나스닥 등 미국 증시의 영향을 많이 받기에 보통 개장 전까지는 미국과 유럽 위주로 뉴스를 본다. 다우존스와 나스닥은 코스피와 코스닥 같은 관계다.

일반적인 데이 트레이더의 매매 횟수는 보통 장중 몇 번 정도로 그리 많지 않다. 오전 9시부터 오후 3시 30분까지 계속 매매를 하는 경우는 아예 없다고 봐도 좋고—직접 해보면 알겠지만 이렇게 매매하면 증권사 수수료로 다 까먹는다—보통 거래가 활발한 장 초반과 장 후반에 승부를 본다.

코스피의 개장 직후 흐름은 흔히 '나선'이라고 부르는 나스닥 선물지수에 크게 동조하는 경향이 있어 개장 직전과 직후에는 나선을 많이 참조한다. 시장의 규모로만 따지면 다우존스가 나스닥보다 더 크지만 반도체 등 기술주 관련 비중이 매우 큰 우리나라 증시 특성상 코스피는 다우존스보다 나스닥을 따라가는 경향이 더 강하다.

장중에는 미국과 더불어 세계경제의 큰손인 중국의 상해종합을 모니터링한다. 최근 몇 년간 줄어들기는 했지만 중국 증시와 우리나라 증시의 동조율은 여전히 높은 편이다. 전업 데이 트레이더들은 외환차익거래를 하는 사람들을 제외하면 닛케이 등 일본 증시는 중국 증시보다 덜 신경 쓰는 편이다.

당연한 말이지만 파생상품을 거래하는 이들을 제외하면 우리나라 데이 트레이더들은 전부 우리나라 주식을 매매한다. 따라서 우리나라 뉴스, 특히 기업과 산업에 큰 영향을 미치는 정부 기관의 발표를 항상 예의 주시한다. 우리나라는 실물경제와 금융시장 모두 해외 시장의 영향을 강하게 받기에 해외 뉴스도 추가적으로 확인할 뿐이다. 전업 데이 트레이더라면 매일 국내외 뉴스 확인과 별개로 정기적인 중요 소식 역시 빠지지 않고 챙겨야 한다. 미국 중앙은행(140쪽)이나 유럽 중앙은행이 중요 결정을 발표하는 날이면 그날 잠은 다 잔 셈이다. 데이 트레이더는 아니지만 나 역시 「인베스팅닷컴」(141쪽)을 통해 주요 금융·경제 지표의 발표 일정을 이메일로 받아보고 있다.

포지션 매매 역시 차트 매매의 일종이지만 단타라고 보기에는 다소 애매하다. "단타는 보유 기간이 짧아 잦은 수익을 낼 수는 있어도 큰 수익을 내기는 어렵다"라고 했다. 그러나 포지션 매매는 예측 상황을 대비해 구축한 포지션을 몇 주에서 길게는 몇 달까지 유지한다. 상방과 하방이라는 큰 흐름에 베팅하는데 보유 기간이 긴 만큼 작은 시세 차익이 아닌 큰 시세 차익을 노린다. 이를 "작은 파동은 무시하고 큰 추세를 탄다"라고 표현한다.

제시 리버모어의 경우 젊은 시절에는 스캘퍼처럼 호가창 매매를 주로 하다가 말년에는 굵직한 한 방을 때리는 포지션 매매를 했다. 포지션 매매는 추세 매매라고 봐도 무방하고 개인적으로는 탑다운 투자와도 유사하다고 생각한다. 공부가 어느 정도 쌓인 후 중고 서점에서 구할 수 있다면 『매크로 스윙 트레이딩』을 참조하면 좋다. 주린이가 읽기에는 난도가 조금 높은 편이다.

단타 연습은 실제 미국 주식 데이터를 제공하는 「차트 게임」[16]을 추천한다. 롱·숏을 둘 다 칠 수 있으며 게임을 시작하면 무작위로 선정된 일정 기간의 종목을 준다. 모든 라운드가 끝난 후 자신이 거래했던 종목들이 무엇이었는지 알 수 있다.

지금은 모니터를 보고 있을 시간도 체력도 없어서 데이 트레이딩은 하지 않지만 이때 차트 보는 법을 많이 익혔다. 내 최종 성적은 9,445 거래일 동안 1,888번을 거래해 연평균 +20.06%, 총 +97,079.6%의 수익을 냈다. 같은 기간 시장 수익률은 연평균 +5.81%, 총 +951.7%의 수익이었다. 시장 대비 100배 이상의 수익을 낸 셈이다.

안타깝게도 연습은 실전처럼 해놓고 정작 실전은 연습처럼 해서 아직 은퇴를 못 했다.

---

[16] chartgame.com에서 할 수 있다

미국 중앙은행

흔히 '연준The Fed'이라고 불리는, 미국의 중앙은행 연방준비제도The Federal Reserve System의 발표는 금융권 종사자는 물론이고 전 세계가 주목하는 중요 행사다. 세 조직으로 구성되어있다.

① 연준 이사회The Federal Reserve Board of Governors; FRB
　　7명의 이사로 구성된 이사회는 연준의 주요 의사 결정을 내린다. 연준 이사회를 이끄는 연준 의장chairman이 '세계경제의 대통령'으로까지 불리는 미국 중앙은행의 수장이다. 현재는 '세계 3대 사모펀드'로 불리는 칼라일The Carlyle Group의 파트너—부회장 격—였던 제롬 파월Jerome Powell이 의장을 맡고 있다.
　　언론에서조차 연준The Fed과 연준 이사회FRB를 혼동해 오기 또는 오역을 하는 경우를 가끔 본다. 연준은 기관institution이고 연준 이사회는 조직organization이다. 그룹과 그룹 사장단이 다른 것처럼 연준과 연준 이사회도 다르다. The Fed는 '연준'을 의미하고 '연준 이사회'를 가리키는 약어는 FRB다.

② 연방준비은행The Federal Reserve Banks
　　미국 전역을 12개 구획으로 나눠 설립한 연방준비은행은 '연은'이라고 불린다. 일반적으로 중앙은행의 수장을 총재라고 부르는데(e.g. 이주열 한은 총재), 미국의 경우 총재는 각 연은의 수장을 의미한다(e.g. 제임스 불라드 세인트루이스 연은 총재). 즉, 미국 중앙은행에는 12명의 총재president가 있는 셈이다. 연준 이사회와 연은의 약어가 같으나 일반적으로 FRB는 연준 이사회를 의미한다.

③ 연방공개시장위원회The Federal Open Market Committee; FOMC
　　한국은행의 금융통화위원회에 해당한다. 연준 이사 7명과 연은 총재 5명으로 구성된 FOMC의 위원장은 연준 의장이 맡으며 부위원장은 뉴욕 연은 총재가 맡는다.

　　연준의 역사와 기능에 대해 더 자세히 알고 싶다면 2008년 금융 위기를 수습한 벤 버냉키Ben Bernanke 전 연준 의장의 『벤 버냉키,

연방준비제도와 금융 위기를 말하다*The Federal Reserve and the Financial Crisis*』를 참고하면 된다.

인베스팅닷컴

아래 스크린샷처럼 국가별 주요 거시 지표와 기업 실적 발표 일정을 이메일로 보내준다.

Weekly Financial Calendars Monday, Nov 22, 2021

Main Economic Events For This Week

Greenwich Mean Time (GMT)

Time	Cur.	Event	Forecast	Previous
Monday, May 10, 2021				
02:30	AUD	Retail Sales	1.40%	1.40%
Tuesday, May 11, 2021				
10:00	EUR	German ZEW Economic Sentiment	71	70.7
12:00	BRL	BCB Copom Meeting Minutes		
13:00	USD	EIA Short-Term Energy Outlook		
15:00	USD	JOLTs Job Openings	7.500M	7.367M
15:30	GBP	BoE Gov Bailey Speaks		
Wednesday, May 12, 2021				
07:00	GBP	GDP	-1.70%	1.30%
07:00	GBP	Manufacturing Production	1.00%	1.30%
07:00	GBP	GDP	-6.00%	-7.30%
10:00	GBP	BoE Gov Bailey Speaks		
13:30	USD	Core CPI	0.30%	0.30%
15:30	USD	Crude Oil Inventories	-2.346M	-7.990M
Thursday, May 13, 2021				
13:30	USD	PPI	0.30%	1.00%
13:30	USD	Initial Jobless Claims	500.000K	498.000K

05
가치투자의 종류

가치투자를 할 때 주식을 분류하는 방법은 다양하다. 본 소단원에서는 대분류 기준으로 흔히 쓰이는 자산주·대형주·배당주·성장주 네 종류에 한정해 설명한다. 세부 분류 기준은 훨씬 더 많다.

가장 흔한 방법인 시가총액으로 대형주large cap·중형주mid cap·소형주small cap로 구분할 수도 있고, 시가총액에 재무제표의 건전성까지 포함해 대형 우량주blue chip·중저가 우량주yellow chip로 구분할 수도 있고, 거시 경제에 대한 민감도로 경기 방어주defensive stock·경기 변동주cyclical stock로 구분할 수도 있다.

그러나 현상은 다양해도 본질은 똑같다는 원리는 여기서도 적용된다. 분류 기준은 다양하지만 모든 분류 기준은 기대 수익률과 위험성을 기반으로 세워진다. 시가총액 규모가 클수록, 재무 건전성이 우량할수록, 거시 경제에 덜 민감할수록 투자 손실 위험성이 낮고 그만큼 기대 수익률도 낮다. 예를 들어 압도적인 시가총액 1위이자 자타공인 '한국 대장주'인 삼성전자[17]가 상한가를 칠 확률은 없다고 볼 수 있다. 물론 하한가를 칠 확률 역시 0에 가깝다.

주식은 잘 모르고, 투자 공부하기에는 머리가 아프고, 일일이 기업분석 해가며 조사할 시간도 없는데 투자는 꼭 하고 싶다면—이 경우 내 추천 1순위는 당연히 정기 예·적금이다—삼성전자처럼 위험성 낮은 대형 우량주에 같은 금액으로 분산투자를 하거나 인덱스펀드 투자를 하면 된다.

그러나 위험성이 낮은 종목은 그만큼 기대 수익률도 낮음을 유념해야 한다. 전 세계 어디에도 저위험·고수익 구조로 설계된 금융상품은 없다. "원금 보장"을 앞세우던 금융상품들이 최근 연달아 문제를 일으키는 이유다. 원금을 보장할 수 있을 정도로 안전한 상품이라면 필연적으로 기대 수익률 역시 그만큼 낮을 수밖에 없다. 원금 보장형 금융상품인 국채나 예·적금의 금리를 생각해보면 된다.

자산주asset stock는 유형자산의 가치가 크고 견조한 실적과 주가 흐름을 보인다. 장부상 가치book value; net asset value 대비 주가가 낮은 '저低P/B주' 대부분이 자산주다. 흔히 '굴뚝주'라고 부르는 제조업 회사들을 기반으로 만들어진 벤저민 그레이엄의

---

[17] 2021년 12월 3일 종가 기준: 1위 삼성전자(451조 3,156억), 2위 SK하이닉스(85조 9,043억)

1세대 가치투자 분석법도 자산주 발굴에 특화돼있다는 평을 받는다. 그래서 낮은 P/B 배수를 활용한 자산주 투자는 오랜 기간 가치투자의 대명사처럼 여겨지기도 했다.

우리나라 증시의 경우 자산주들은 "최근 5년 동안 여의도의— 전통적인 의미에서의—가치투자자들이 전멸했다"라는 말이 나올 정도로 심각하게 소외당한 상태다. 또한 벤저민 그레이엄식 가치평가는 브랜드 등 재무제표에 온전히 담아내기 힘든 무형자산의 가치평가가 중요해진 지금 시대에 맞지 않는 투자법이라는 비판도 나오고 있다. 개인적으로도 이와 같은 지적에 일부 동의하나 고전은 고전인 이유가 있다고 생각한다.

가치투자에도 여러 방식이 있으니 꼭 자산주 투자만을 고집할 필요는 없다. 최근 국내외 투자자들 사이에서는 가치투자의 정의 자체가 재논의되는 분위기다. 그러나 가치투자를 지향하는 투자자라면 한 번 정도는 자산주 투자를 제대로 공부할 필요가 있다고 생각한다. 자산주 투자 자체에 여타 가치투자 방법들과 다른 특별한 점이 있기 때문은 아니다. 다만 가치투자의 개념을 정립한 벤저민 그레이엄의 투자철학이 가장 잘 묻어있는, 가치투자의 원형에 가장 가까운 투자법이기 때문이다. 그레이엄의 사고방식을 참조하라는 의미다.

대형주는 기업의 시가총액이 큰 종목을 의미한다. 일반적으로 대기업이고 주가도 높으며 유동성이 풍부하다. 그러면서도 주가의 움직임이 크지 않기에 연기금 등 대규모 투자금을 집행하는 기관투자자가 선호한다. 스캘핑과 초단타를 헷갈리는 것만큼이나 대형주와 우량주를 헷갈리는 경우도 자주 본다. 문자 그대로만 읽으면 된다. '대형'주는 시가총액이 큰 종목, '우량'주는 경영 실적이 좋고 주주 친화적이며 현재 기조가 미래에도 이어지리라 예측되는 종목이다. 우량주가 대형주일 수는 있지만 대형주가 우량주는 아니다.

예를 들어 2000년 전후 기술주 거품 시기에 반년 동안 주가가 14,920% 상승해 지금까지도 전설처럼 회자되는 새롬기술은 한때 대형주였으나 결코 우량주라고는 볼 수 없다. 1999년 10월 1,890원이었던 새롬기술의 주가는 2000년 3월 최고가인 282,000원을 기록했고 2021년 11월 현재 6,000원이 안 된다.

새롬기술처럼 테마주로 묶여 기업가치보다 과하게 고평가된 경우를 제외하면 일반적으로 대형주로 분류되는 기업들은 견실한 대기업들이다. 규모가 있는 만큼 회사의 급격한 성장을 기대하기는 어렵다. 그러나 이익의 안정성은 어느 정도 보장됐다고 볼 수 있다. 기업 규모에 따라 매출액 규모 역시 많이 달라지고, 그 결과 순이익률이 크게 변화하지 않더라도 순이익금이 커지기 때문이다.

완전경쟁 시장의 특징 중 하나는 낮은 진입 장벽이지만 내수 시장이 작은 우리나라에서는 특히 기술력뿐만 아니라 시장점유율 자체가 워런 버핏이 강조하는 강력한 해자moat 역할을 한다. 산업이 아닌 기업 단위로 보더라도 일정 수준까지는 생산 규모가 커질수록 총생산 비용이 줄어드는 규모의 경제economies of scale 효과가 일어난다.

그래서 기업 규모가 크다는 것 자체가 하나의 긍정적인 투자 지표이기도 하다. 완전경쟁 시장에서는 신규 경쟁자가 끊임없이 생긴다. 이 상황에서 기존 기업이 규모를 유지하거나 성장시키려면 기업은 기존 사업을 비롯해 신사업에 투자해 계속 유의미한 성과를 내야 한다. 중소기업은 신사업 하나하나에 사활을 걸어야 하지만 대기업은 신사업에 투자할 때 안정적으로 부담할 수 있는 위험성 규모도 크고 그만큼 기대 수익률도 높다.

가령 외환 위기나 금융 위기 수준의 돌발 상황에서 대다수 기업은 경영난을 겪는다. 하지만 대기업은 이때 되레 대대적인 설비투자로 후발 주자와의 격차를 벌리거나 시장의 진입 장벽을 높여 잠재적 신규 경쟁자의 시장 진입을 원천적으로 차단할 수도 있고 아예 대규모 인수합병을 통해 퀀텀리프Quantum Leap를 노릴 수도 있다.

이와 반대로 투자한 50척 중 1척만 돌아와도 엄청난 이익을 거뒀던 대항해시대의 투자자들처럼 투자하는 예도 있다. 스타트업이나 중소기업이 규모가 있는 신사업을 추진할 때는 어느 정도 위험성을 부담하는 수준이 아니다. 때때로는 사운을 걸고 진행해야 할 때도 있다. 중소 또는 신생 연예 기획사가 대표적인 예시다. 대신 이런 회사들이 진행하는 사업은 위험성이 큰 만큼 한 방에 역전 만루 홈런을 때리기도 한다. 이런 '큰 한 방'을 노리는 기관투자자가 창업투자회사venture capital(이하 VC)다.

그러나 투자자는 무엇보다 안전 마진safety margin 확보를 최우선으로 둬야 한다. 전문 VC가 아닌 개인투자자에게는, 특히 주린이에게는 미래 실적 개선을 예측하고 투자하는 턴어라운드turnaround 투자나 주가와 실적 변동성이 심한 코스닥 성장주 투자보다는 안정적인 주가와 재무 성과를 보이는 코스피 대형주 투자를 권한다.

고배당주high dividend stocks는 현재 주가 대비 배당금을 나타내는 배당수익률dividend yield rate이 높은 종목들을 의미한다. 예를 들어 현재 주가가 1천 원인데 배당금이 주당 50원으로 책정돼있다면 배당수익률은 5%다. 배당금은 은행 이자 개념으로 이해하면 된다. 회사가 투자자의 투자금을 사용해 회사를 운영하고 수익을 냈으니 수익에서 여러 경비와 세금 등을 제한 순이익의 일부를 투자자에게 지급하는 것이다.

고배당주에 투자하면 주가가 내려가더라도 은행에 넣은 셈 치고 예금이자보다 훨씬 수익률이 좋은 배당금을 받으며 기다릴 수 있다. 물론 투자금이 정말 은행 예금처럼 한동안 쓸 계획이 없는 돈이고, 시간이 지나면 주가가 회복된다는 근거가 있을 때만 사용할 수 있는 전략이다. 그렇다면 은행 예금 대신 고배당주 투자가 낫지 않겠느냐고 물을 수 있다.

계속 강조하건대, 위험성과 기대 수익률은 한 몸이므로 따로 생각하면 안 된다. 은행 예금과 달리 고배당주 투자금은 얼마든 손실이 날 수 있다. 고배당주 역시 여타 주식과 마찬가지로 고위험 금융상품이다. 은행은 '원금 보장'이라는 조건 때문에 예·적금을 위험 상품에 투자하기 어렵고 감수하는 위험이 적은 만큼 수익이 낮기에 지급하는 이자가 적다. 반면 배당주의 경우 주가 자체의 손실 위험도 있고 배당금을 노리고 연말에 잠깐 투자했다가[18] 배당락[19]을 맞고 되레 배당수익률 이상으로 손해 보는 경우도 허다하다.

배당성향dividend payout ratio도 배당수익률만큼 중요한 요소다. 회

---

[18] 배당금을 받으려면 배당 기준일의 2영업일 전까지 주식을 보유해야 한다. 그래서 '배당 기준일-1영업일'이 되는 날은 배당 권리가 떨어진落 날이라는 의미로 '배당락일'이라고 한다. 우리나라의 경우 거의 모든 상장사가 주주 배당금을 연 1회 지급하고 12월에 회계를 결산하므로—3월 또는 6월에 결산하는 회사들도 있다—배당 기준일은 대개 12월 말에 몰려 있다. 단, 우리나라 시장은 12월 31일이 휴장이므로 배당을 받기 위해서는 30일의 2영업일 전인 28일 장 마감 기준으로 배당받고자 하는 주식을 보유하고 있어야 한다.

[19] 회사가 현금이 아닌 주식으로 배당을 지급하면 주식의 시가총액은 그대로인데 주식의 수가 늘어나므로 자연스레 주가가 떨어진다. 예를 들어 시가총액 10억 원에 발행주식이 10만 주면 10억(원)/10만(주)이므로 주가가 1만 원이다. 주식 배당으로 1주당 0.1주를 지급하기로 했다면 발행주식의 총량은 10% 증가한다. 이 경우 시가총액은 그대로지만 주식의 수는 늘어서 10억(원)/11만(주)이 되므로 1주의 가격은 9,091원으로 내려간다. 시장가 기준으로 희석된 정도를 정확하게 계산하려면 주당순이익, 발행주식, 유통주식, 우선주, 전환사채 등 여러 요소를 고려해야 하나 설명의 편의를 위해 엄밀한 계산을 생략한 점은 양해 바란다.

사의 배당금 대비 순이익의 비율을 배당성향이라고 한다. 예를 들어 회사의 올해 순이익이 10억 원인데 배당금으로 1억 원을 책정하면 배당성향이 10%가 되는 것이다. 우리나라 증권시장의 최근 5년 평균 배당성향은 코스피와 코스닥 모두 20% 초중반대로, 타 선진국들과 비교하면 상대적으로 낮은 편이다.

배당성향이 높다는 의미는 회사가 주주들의 이익을 잘 신경 써준다는 뜻이다. 그래서 배당성향이 높은 회사를 주주 친화적이라고 한다. 배당수익률과 배당성향은 인터넷에서 쉽게 확인할 수 있다.[20]

⊞ DPS	570	850	1,416
현금배당수익률	1.58	1.67	3.66
현금배당성향(%)	17.81	14.09	21.92

그러나 배당수익률과 배당성향이 높은 회사라고 해서 무조건 좋은 투자 대상은 아니다. 일단 배당수익률은 전해 결산에서 결정된 배당금 기준이므로 올해도 작년과 같은 수준의 배당금을 지급할 수 있는지 확인해야 한다. 따라서 연말 결산에서 새

---

[20] '네이버 금융 > (종목 선택) > 종목분석 > 투자지표 > 가치분석'에서 확인 가능하며 본문 예시는 삼성전자다. DPS는 보유 1주당 지급받는 배당금dividend per share을 의미한다.

로 결정될 배당금 규모의 원천인 회사의 당해 순이익net income; net earnings을 알아야 한다. 당해 실적은 이듬해 4월 초쯤 발표되므로 면밀한 분석을 통해 회사의 손익을 정확하게 추정할 수 있어야 한다.

배당성향 역시 마찬가지다. 설비투자 등 사업에 재투자하는 비용에 비해 주주 배당금의 규모가 과하게 높다면 주주 입장에서도 결코 달가운 상황이 아니다. 경영진의 무능으로 자원을 효율적으로 사용하고 있지 못하거나 수명이 다한 사양산업의 한계 또는 심각한 불황으로 마땅한 투자처가 없다는 의미다. 수익의 증가 속도는 정체되고, 영업이익 대비 재투자 비율은 낮고, 그 결과 기업에 현금이 남아돌아서 배당성향만 높은 기업일 수도 있다. 최악의 경우 대주주—배당금을 가장 많이 지급받는 사람들—인 오너 일가의 저금통처럼 사용되고 있을 수도 있다.

성장주는 과거 성장률이 높고 미래 성장 가능성도 큰 종목을 의미한다. 실적의 정도도 중요하지만 그보다도 실적의 궤도에 더 비중을 둔다. 현재 가치보다는 미래 가치를 더 중시하기에 현재 이익 대비 주가를 나타내는 P/E 배수가 높은 편이다. 현재 상대적으로 고평가된 주가price를 정당화할 만한 미래 실적earnings을 기대한다는 의미다. 꿈과 희망을 먹고 자라는 바이오주와 제약주 대부분이 성장주다. 개인적으로는 이번 소단원에서 소개한 투자 종류 중 투자자가 감당해야 할 위험성과 기대 수익률이 제일 높고 투자 난도 역시 최고난도인 투자가 성장주 투자라고 생각한다.

자산주든, 대형주든, 고배당주든, 성장주든, 가치평가 기반 투자 방식을 지향한다면 기업·산업·경제에 대한 철저한 분석이 선행돼야 한다. 그러려면 잠재적 투자 대상의 최근 3~5년 치의 재무제표는 물론 정기 사업보고서도 다 분석해야 한다. 기업의 사업 구조와 경영 상태를 경영진만큼 이해하고 있어야 한다.

잠재적 투자 대상인 기업을 조사하는 것만으로는 충분하지 않다. 실물시장과 금융시장도 꾸준히 조사해야 한다. 해당 기업이 소속된 산업, 기업이 진행하는 사업에 전체적으로 영향을 끼치는 거시 경제의 동향과 전망도 계속 파악해야 한다.

기술적 분석도 그렇지만 가치평가 역시 결코 전천후의 마법 공식 따위는 존재할 수 없다.

06
남의 투자에 관심을 끄자

단타든 가치투자든 각자 나름의 원리를 갖고 발전한 기법들이다. 어느 쪽이 더 낫거나 못하다고 단정 지을 수 없다.

차트 분석을 부정적으로 보는 사람들은 "차트는 후행성 지표"라고 평가절하하지만 재무제표 역시 연 4회만 발표하고 그마저도 발표 시점 2~3개월 전까지의 내용만 담은 후행성 지표다.[21]

재무제표 분석을 부정적으로 보는 사람들은 "미국이라면 모를까, 금융 후진국인 한국에서 가치투자는 불가능하다"라고 하지만 선진 금융시장과 비교하면 매우 미숙한 우리나라 금융시장에

---

[21] 내 사견은 독자에게 편견과 선입견이 생기는 걸 방지하기 위해 접어두겠다. 단, 좋은 종목과 좋은 기업은 같은 의미가 아니고 투자에 있어—특히 우리나라 증시에 상장된—회사의 재무제표만 맹신하는 건 매우 위험하다는 점만 밝힌다. 뉴욕대New York University 재무·회계 교수인 바루크 레브Baruch Lev의 『회계는 필요 없다*The End of Accounting*』를 반드시 읽어보기를 권한다. 제목이 조금 자극적이지만 "재무제표는 필요 없다" 또는 "회계 공부는 쓸데없다"라고 생각해서 추천하는 책은 아니다. 재무제표 맹신의 위험성을 알리기 위함이다. 회계 공부와 재무제표의 중요성에 대해서는 4장-07에서 자세히 설명한다.

서도 가치투자로 큰 부를 일궈낸 개인투자자가 한둘이 아니다.

차트를 보든 재무제표를 보든 투자의 본질을 이해하고 있는 모든 투자자는 숫자로 드러나는 지표를 통해 흐름을 읽는다. 지표는 투자자의 판단 근거 중 하나일 뿐이고 기법은 투자자가 판단 근거를 발굴하기 위한 도구 중 하나에 불과하다. 중요한 건 기법의 종류나 가짓수가 아니다. 기법에 논리적 하자가 있는지, 투자자가 기법을 잘 이해하고 있는지, 투자자가 실전에서 기법을 능숙하게 사용하는지가 중요하다. 그러나 주린이 대부분은 자신의 투자법에 대한 이해도와 숙련도보다는 남의 투자법과 수익률에 관심이 많다.

관심을 두는 것 자체는 문제가 아니다. 장단점을 비교하고 분석해 자신의 투자 방식을 보완하는 데 집중하는 건설적 관심이 아닌 게 문제다. 다른 사람의 투자법이나 수익률에 관심을 두는 사람들은 대개 "저 사람 수익률이 내 수익률보다 높으니 저 사람 방식대로 해야 하나?" 또는 "유명한 투자자라고 하니 그냥 저 사람이 추천해주는 종목을 사는 게 낫지 않을까?" 같은 의문에 빠져 갈팡질팡한다.

앞에서도 몇 번씩 강조했지만 투자 수익률은 증권 계좌 개설 순도, 아는 기법의 가짓수 순도 아니다. 언제 어느 상황에서나 항상 절대 수익을 보장하는 기법은 없다. 존재하는 모든 기법을 다 완벽하게 이해할 수도 없다. 승률이 높은 기법 여러 개를 겹쳐서 쓴다고 이에 비례해 승률이 올라가지도 않는다.

같은 기법을 비슷한 수준으로 이해한 투자자들의 투자라 하더라도 결과가 똑같으리란 법은 없다. 앞서 "수익률을 근거로 자기 투자법을 정당화하는 순환논증의 오류"에 대해 설명할 때 들었던 여러 예시를 상기해보라. '가치투자의 아버지' 벤저민 그레이엄조차 대공황 때는 큰 손실을 봤고 S&P 500 지수보다 수익률이 낮았던 해도 많았다. 같은 기법을 사용해도 시장의 상황에 따라, 선택한 종목에 따라, 투자자의 멘탈에 따라 성과는 매우 달라진다. 그렇기에 자신에게 적합한 투자 기법을 찾았다면 그 기법을 잘 이해하고 있는지와 실전에서 능숙하게 사용할 수 있을 만큼 숙달됐는지에만 초점을 맞춰야 한다.

"큰 칼로도 이기고 짧은 칼로도 능히 이긴다. 때문에 칼의 길고 짧음에 얽매이지 않고 어떻게든 이기려고 하는 마음가짐이 니텐이치류의 정신이다 …… 무기의 효용을 판단해 어떤 무기라도 때에 맞게 쓸 줄 알아야 한다 …… 전장의 무기로서의 본래 의미를 망각하고 사소한 것에 집착하여 진정한 도를 잊는다면 승리를 얻지 못할 것이다 …… 필요 이상으로 무기를 많이 지니는 것은 부족한 것이나 마찬가지다. 다른 사람을 따라 하지 말고 자기 몸과 자기 손에 적당한 무기를 가져야 한다."

우리나라에도 잘 알려진 에도 막부시대 검객 미야모토 무사시는 두 자루의 칼을 다뤘던 것으로 유명하다. 그러나 그의 니텐이치류二天一流는 어디까지나 고릴라 같은 악력을 타고난 무사시였기에 제대로 구사할 수 있었던 검술이다. 무사시 역시 검의 길이나 개수가 중요한 게 아니라 검을 올바르게 쓰는 법을 아는 게 중요하다고 강조한다.

투자도 마찬가지다. 가치투자로도 수익을 내고 단타로도 능히 수익을 낸다. 따라서 투자의 본질을 이해한 투자자라면 가치투자와 단타라는 형식의 구분에 얽매이지 않는다. 가치투자든 단타든 결국 투자로 수익을 내기 위한 하나의 방법일 뿐이다. 다른 사람의 매매 기법을 무작정 따라 하지 말고 자신에게 적합한 투자 방식의 원리를 제대로 이해하고 시의적절하게 사용하면 그만이다.

둘의 우열을 가리거나 뭐가 투자고 투기인지를 따지는 것처럼 쓸데없고 사소한 화두에 집착하면 안 된다. "금융시장에서 매매로 수익을 낸다"라는 투자의 본질적인 목적을 잊는다면 당연히 수익을 못 낸다. 논리적 하자가 없는 기법이라면 어떤 기법이든

---

[22] 세계 3대 병법서 중 하나다.

수익을 낼 수 있다. 이런 합리적 사고를 바탕으로 "수익 창출"이라는 투자의 목적을 달성하는 데만 골몰하는 태도가 진정한 투자자의 자세다.

단타든 가치투자든 현존하는 모든 기법에 통달할 수는 없다. 과유불급이라는 말이 있듯 사용하는 기법의 가짓수를 필요 이상으로 늘리는 건 투자 기법을 아예 모르는 것과 마찬가지다. 이렇게 가짓수만 늘려 겉핥기로 이해한 지식을 실전 투자에서 사용하는 건 자살행위다. 어설프게 아는 건 '지식은 힘'이 아니라 '아는 게 병'이 된다.

"누가 어떤 기법으로 얼마를 벌었다더라" 식의 뜬소문에도 현혹되면 안 된다. 실제 성공 사례라 하더라도 그 사람은 그 사람에게 맞는 투자 방식과 기법을 찾고 실전에서 잘 적용했을 뿐이다. 타인의 성공 사례를 참고할 수는 있겠지만 타인의 성공 방정식은 오롯한 타인의 전유물이지 내 성공 방정식은 아님을 명심해야 한다.

또다시 입시를 예로 들어보겠다. 수능은 전국적으로 공통된 교육과정을 가르치는 나라에서 교과별 출제 범위가 정해져 있고 모의고사와 기출문제까지 넘치는 시험이다. 그런데도 같은 학원에서 같은 선생에게 같은 수업을 들은 학생들의 성적조차 제각각이다. 고득점자들의 풀이 방법은 대개 비슷하나 모든 문제의 풀이 방식이 똑같지는 않다. 하물며 주식투자는 모범 답안도 출제 범위도 없다.

벤저민 그레이엄의 제자 중에는 월터 슐로스Walter Schloss라는 투자자도 있었다. 워런 버핏뿐만 아니라 슐로스 역시 뛰어난 투자자였다. 45년간 53,880%라는 경이로운 수익률을 올렸고 버핏이 "슈퍼 투자자super investor"라고 극찬할 정도였다. 그러나 둘의 투자 스타일은 완전히 달랐다.

버핏은 자신이 그레이엄의 보수성과 필립 피셔Philip Fisher[23]의 공격성이 섞인 투자 방식을 지향한다고 밝힌 바 있다. 반면 슐로스는 그레이엄의 가르침대로 극도로 보수적인 담배꽁초 투자cigar-butt investing만 했다. 버핏과 슐로스처럼 같은 스승에게 배운 투자 대가끼리도 투자철학과 매매 원칙이 이토록 다르다.

버핏과는 매우 다른 투자 방식을 고수하는 이유를 묻는 기자에게 슐로스는 이렇게 대답했다.

"버핏은 굉장히 똑똑하다. 그만큼 성공한 투자자는 여태까지 없었고 앞으로도 없을 것이다. 나는 그와 달리 평범하기에 그에게 무언가 배울 생각은 전혀 없다. 그의 투자 방식은 그에게 적합하지, 나에게는 맞지 않는다."

---

[23] '성장주 투자의 아버지'라는 별명을 가진 투자자다. 역발상 투자로 유명한 켄 피셔 Kenneth Fisher의 아버지이기도 하다.

많은 사람이 슐로스를 위대한 투자자로 꼽는 이유로 단순한 원칙을 장기간 소신 있게 지켜서 큰 수익을 낸 점을 든다. 그러나 내 생각에 슐로스의 진짜 위대한 점은 자신의 성향을 명확하게 이해하고, 자신이 버핏과 어떤 점에서 다른지 인지하고, 자신과 맞지 않는 버핏의 방식을 억지로 끼워 넣는 대신 자신의 강점을 살릴 수 있는 투자 관점을 일관적으로 유지했다는 점이다.

버핏과 슐로스의 차이에서 보이듯 자신의 성향과 상황에 잘 맞는 투자철학과 매매 원칙을 먼저 세운 후 이에 적합한 기법 몇 개를 정해야 한다. 그리고 해당 기법의 용례와 효용을 정확히 파악하고 이를 능숙하게 사용할 수 있을 때까지 연습하는 게 중요하다.

다른 사람이 어떤 방식으로 어디에 투자해서 어느 정도의 수익률을 내는지는 관심을 가질 필요도 없고 그걸 안다고 해서 자신의 수익률이 올라가지도 않는다. 투자의 결과인 현상 하나하나에 천착할 게 아니라 투자의 원리인 본질을 정확하게 이해하고 체득하는 게 중요하다고 거듭 강조하는 이유다.

그러니 다른 사람의 기법이나 수익률에는 관심을 끄자. 자신에게 적합한 투자 방식을 정확하게 알고 있는지, 자신이 깨친 바를 실전 투자에서 능숙하게 적용할 수 있는지에만 집중하자.

"

나의 메시지가 왜곡되었듯,
사람들은 불경을 오만으로 착각하기에
회의론과 허무주의를 혼동한다.
내 생각을 분명히 밝히겠다.

......

일상적인 통념을 따르면 성공에 도움이 된다.
그러나 통념을 따른다고 해서 반드시 성공하는 것은 아니다.
끈기와 인내 같은 전통적 가치들도
성공하기 위해 필요한 요소들이지만,
그것이 반드시 성공을 보장하지는 않는다.
하지만 우리는 이 간단한 원리를 자주 혼동한다.
성공의 필요조건과 충분조건을 혼동하는 것이다.

"

『행운에 속지 마라Fooled by Randomness』 중에서

"나는 막대한 양의 독서 없이 진정으로
훌륭한 투자자가 될 수 있다고 생각하지 않는다."

찰리 멍거 Charlie Munger

제4장

무엇을 얼마나 어떻게
공부해야 할까?

Study Smart.

01
필요한 만큼만 공부하기

선택과 집중

3장을 통해 자신에게 맞는 투자 방식을 찾았다면 해당 분야를 깊게 파고들어야 한다. 이를 계독系讀이라 한다. 한 분야를 정해 그 분야의 책만 쭉 읽는 것이다. 어떤 분야든 공부에는 끝이 없다고 하지만 자신이 계획하는 투자의 운용 기간이 길고 규모가 클수록 더 많은 공부가 필요하다. 건물을 지을 때 높은 건물일수록 기반 공사를 깊게 파야 하는 것과 같다.

그렇다고 지나치게 많은 공부를 할 필요는 없다.[24] 수능 영어 시험을 준비하면서 토플이나 SAT까지 굳이 공부할 필요가 없다. 우리의 시간은 유한하므로 한정된 자원을 최대한 효율적으로 써야 한다. 본업이 금융권과 상관이 없다면 투자와 관련된 자격증

---

[24] 본 책에서 초급부터 고급까지 모든 책을 추천하는 이유는 개개인의 배경지식과 이해도가 다르기 때문이다. 단계별로 직접 읽어보고 부족하다고 느끼면 더 공부하고 충분하다고 느끼면 멈추면 된다. 일정 수준 이상으로 공부하고 싶은 주린이들을 위한 조언을 적을 때는 구체적으로 어느 정도의 배경지식을 가진 독자를 위한 조언인지 밝히고 있다.

시험을 공부할 이유가 없고 경제 공부 역시 신문을 이해할 수 있는 수준만 되면 충분하다.

물론 어떤 방식의 투자를 하든 기초적인 이론 공부는 필수적이다. 『맨큐의 경제학*Principles of Economics*』을 여러 차례 정독하는 게 최선이지만 그럴 시간이 없다면 최소한 경제 신문을 원활히 읽고 다 이해할 수준은 되어야 한다. 165쪽의 경제·금융 기초 개념 추천 도서가 경제 신문 독해에 도움이 될 책들이다.

경제 신문을 읽을 때는 스마트폰으로 인터넷 무료 기사를 읽기보다는 인쇄물 구독을 권한다. 인터넷 신문은 배열 순서가 기사 입력 시간과 조회수, 댓글수에 따라 중구난방이라 중요도를 가려내기 쉽지 않다. 지금 가장 화제인 주제를 실시간으로 알 수 있다는 장점이 있지만 반대로 사회의 전체적인 흐름을 파악하기는 부적합하다.

경제 신문 읽기를 추천하는 건 경제 공부 용도로만 사용하라는 뜻이 아니다. 경제 신문이라고 해서 경제와 금융 이야기만 다루지 않는다. 다른 분야도 주의 깊게 읽어야 한다. 그리고 무엇보다 조금이라도 자기 돈을 들여야 돈이 아까워서라도 제대로 공부한다. 직장인들이 공부를 작정했을 때 일단 시험 접수하고 응시료부터 내는 것과 같은 이치다.

본 책은 기법보다는 마음가짐에 초점을 맞추고자 의도적으로 기술적인 내용 언급을 되도록 피했다. 용어 설명 등 기술적인 내용까지 전부 담기에는 지면의 한계가 있는 탓도 크다. 경제 신문과 더불어 주식투자의 기초 개념과 경제와 금융의 전반적인 맥을 잡아줄 만한 책들을 165쪽에서 추천한다. 내용이나 깊이가 비슷하다고 여겨지는 책들은 같은 행으로 묶었다. 투자 방식별 추천 도서는 다음 소단원들을 통해 이어 소개한다.

주식투자 기초 개념 추천 도서

『주린이도 술술 읽는 친절한 주식책』

『내 인생의 첫 주식 공부』『주식투자 무작정 따라하기』

『주식, 나는 대가처럼 투자한다』

『주식투자 궁금증 300문 300답』*

경제·금융 기초 개념 추천 도서

『월급쟁이 재테크 상식사전』

『경제기사는 하나다』

『사이다경제』

『경제지표 정독법』

『그들이 알려주지 않는 투자의 법칙』

『금융경제학 사용설명서』

---

*   처음부터 끝까지 정독하기보다는 필요할 때만 찾아보는 백과사전처럼 써야 한다.

02
전공과 주식투자의 관계

현재 코스피와 코스닥에는 약 4천 개의 종목이 상장돼있다. 한국거래소 대분류 기준 약 60~70개의 산업군이다. 이 모든 산업군과 종목을 전부 파악할 수는 없다. 제도권 애널리스트들도 담당 업종을 나눠 전문성을 기른다.

재미있는 점은 애널리스트들의 절대다수는 상경 계열 출신이지만 유통이나 식음료 등 소수를 제외한 대부분의 산업군은 이공 계열 전문 지식이 있어야 제대로 분석할 수 있는 업종들이다. 전자·전기와 바이오가 주도하는 우리나라 증시는 특히 그렇다. 재무분석이야 대중서나 전공서를 통해 독학해도 개인 투자에 필요한 수준을 쌓는 데 문제가 없다. 그러나 기술력이 필요한 가치분석은 다르다.

가령 새로운 반도체 공정 기술이나 치료제가 개발됐다고 쳐보자. 그러나 서웨이Serway나 옥스토비Oxtoby 수준의 물리와 화학도 공부해본 적 없는 사람이 대부분이다. 그렇다면 새로 개발된 기술의 가치를 어떻게 평가할 수 있을까? 어쩔 수 없이 시장의 기존 경제적·재무적 지표로 어림잡아 유추할 수밖에 없다.

실례로 한창 '차화정[25]'이 증시 상승을 주도하던 때 화학공학과 박사과정에 있던 친구가 D 종목을 언급하며 투자 의견을 물었다. 친구의 연구 분야에서 요즘 자주 언급되는 회사인데 자신은 투자에 문외한이니 한번 봐달라는 부탁이었다. 식사 자리에서 간단히 나온 이야기이기에 스마트폰으로 차트와 재무제표만 슬쩍 봤다. "나빠 보이지는 않는데 딱히 좋아 보이지도 않는다. 나 같으면 큰 비중을 싣지는 않겠다"라고 대답해줬다. 그리고 친구가 의견을 물었던 코스닥 상장사는 현재 약 9배 가까이 오른 상태로 거래되고 있다. 그때 제대로 리서치를 했다면 적정 주가나 기업가치를 다르게 판단했을 수도 있다. 그러나 아무리 열심히 리서치를 했더라도 혼자서는 신기술이 가진 의미나 정확한 가치를 파악하지 못했을 것이다.

R&D 투자를 통해 갖춘 기술력은 재무적 수치로 정확히 환산하기 어려운 무형자산이다. 해당 기술이 실제로 보도 자료에 소개된 만큼 효과가 있는지 일반인은 알 수가 없다. 이공계 출신이라면 인문계 출신에 비해 훌륭한 비교 우위가 있는 셈이다. 나 역시 애널리스트 리포트만으로는 판단을 내리기 쉽지 않을 때 해

---

[25] 2010~2011년 우리나라 증시의 상승을 주도한 자동차·화학·정유 산업을 말한다.

당 분야를 연구하거나 이에 종사하고 있는 지인들에게 의견을 묻는다. 금융권과 전략컨설팅 회사에도 이런 이유로 대기업 경력직 출신과 이공 계열 박사 학위 소지자들이 꽤 있다.

우스갯소리로 '우문현답(우리의 문제는 현장에 답이 있다)'이라는 말이 있다. 자신이 일하거나 큰 관심을 쏟는 분야라면 누구보다 관련 시장을 정확하고 빨리 알 수밖에 없다. 가령 유통이나 화장품에 투자한다면 소비자학이나 화학 전공자들보다는 매일 현장에서 소비 심리를 체감하는 백화점과 면세점 MD 의견이 훨씬 도움이 된다.

직접 겪은 경험 중 가장 황당했던 사례는 여자 아이돌 그룹 트와이스의 열혈팬이던 남학생이 "선생님, 주식 하시면 꼭 JYP에 투자하셔야 해요!"라고 강력히 주장했던 일이다. 학생의 추천 근거는 "트와이스가 이번에 새 앨범을 냈거든요. 와, 근데 음악성이랑 화보 콘셉트 둘 다 미쳤어요. 이건 안 뜰 수가 없어요!"였다. 나는 당연히 투자하지 않았다.

그런데 실제로 이때부터 트와이스가 엄청난 기염을 토하며 JYP 매출을 폭발적으로 증가시켰다. JYP는 현재 학생의 매수 추천(?) 시 대비 6배 이상 오른 가격대에서 거래되고 있다.

일상생활에서 투자 아이디어를 찾는 방식은 피터 린치가 즐겼던 투자법 중 하나로도 유명하다. 그러나 지금 누군가 비슷한 추천을 해준다고 해도 나는 그때와 똑같이 투자하지 않거나 아주

소규모의 자금만 투자할 것이다.

　나는 남자 가수가 부른 발라드와 피아노 클래식을 주로 듣는다. 아이돌, 특히 여자 아이돌 음악은 자의로 들어본 적도 없고 뭐가 좋은 노래인지 구분도 못 한다. 그래서 무형자산 격인 아이돌 그룹이 주 캐시카우cash cow인 연예 산업은 투자의 확신이 없다. 자신이 잘 모르는 상품에는 투자하면 안 된다.

03
인문학과 주식투자의 관계

나는 인문학과 인연이 깊다. '뼈대 있는 양반 가문'임을 강조하시던 친할아버지께 5살 때부터 천자문과 사자소학을 강제로 배운 게 시작이다. 부모님이 정치학과 영문학을 전공하셔서 어렸을 때부터 인문사회과학을 가까이하며 자랐고, 대학 진학 전부터 우리나라 대학의 모 교수님에게 다년간 동서양 철학을 지도받았다. 학부에서 가장 깊게 공부한 분야도 전공 학위를 이수한 경제학이나 수학이 아니라 2학년 때부터 지도 교수님에게 대학원 커리큘럼으로—"페이퍼를 쓰랬더니 쓰레기를 써왔다"라고 욕먹으며—사사한 정치철학이다.

따라서 내가 석학은 못 되더라도 최소한 비전공자들보다는 인문학을 접한 기간과 폭이 훨씬 크다고 생각한다. 그리고 다양한 분야의 인문사회과학 책 수천 권을 읽은 입장에서 단언컨대, 인문학과 투자는 별 상관이 없다. 굳이 연관성을 찾자면 '문사철' 중 '사史'에 해당하는 경제사뿐이다. 인간의 욕심은 무한하고 같은 실수를 반복하니까.

2012년 대선 전후부터 우리나라에는 인문학 열풍이 불었다. 이유는 모르겠으나 모든 분야가 '기승전 인문학'으로 귀결됐다. 애플Apple 창업주 스티브 잡스Steve Jobs의 "서예 수업에서 아이폰 디자인의 영감을 받았다"라는 이야기나 스탠포드대Stanford University 졸업식 축사인 "Connecting Dots" 연설은 빠지지 않고 등장하는 단골 레퍼토리다. 그는 분명히 "디자인의 영감을 받았다"라고 했는데 우리나라에서는 이를 대개 인문학과 연결해 광고했다. 한시漢詩도 아니고 서예와 인문학이 대체 무슨 상관인지 알 수가 없다. 영자팔법永字八法을 말하는 건가? 인문학을 제대로 공부한 적도 없는 사람들이 인문학을 마치 전가의 보도처럼 휘두르는 모습을 볼 때마다 기분이 이상하다. 다행히 예전보다는 이런 사람들이 많이 줄었다.

인문학이 천민자본주의pariakapitalismus에 가장 크게 휘둘린 분야는 자기 계발서다. 내가 본문에서 간간이 언급한 유사인문학이 바로 이런 '돈맛을 본 인문학'이다. 밑도 끝도 없이 아무 데나 인문학을 들이밀며 "이 바닥은 수익률이 깡패" 수준으로 원인을 결과에 꿰맞추는 무지함과 비논리성이 유사인문학의 특징이다.

유사인문학을 퍼뜨리는 사문난적은 한둘이 아니므로 여러 사례를 한데 묶어 예를 들겠다. "대학 중퇴자인 마이크로소프트Microsoft 창업주 빌 게이츠Bill Gates와 페이스북Facebook 창업주 마크 저커버그Mark Zuckerburg만 봐도 학벌이나 학력은 중요하지 않다. 진짜 배움은 학교 밖에 있다. 사람에 대한 이해가 더 중요하다. 따라서 인문학 공부와 독서는 중요하다. 그러므로 내 책을 사서 읽어라." 대충 이런 식이다.

중산층 유대인 집안 출신의 빌 게이츠와 마크 저커버그가 중퇴한 대학은 하버드이며 둘 다 "나처럼 대학 그만두지 말고 끝까지 다녀라"라고 조언했다는 말은 안 한다. 스티브 잡스가 등록금을 못 내 반 강제로 자퇴한 후에도 대학 수업을 듣고 싶어서 친구들 기숙사를 전전하며 반 노숙자 생활을 했다는 일화나 소프트뱅크Softbank 창업주 손정의가 폐렴에 걸려 피를 토하면서까지 "결강은 안 된다"라며 물리학 수업을 꼬박꼬박 나간 일화도 말하지 않는다.

유사인문학은 자기 계발서뿐만 아니라 경영과 투자 분야의 책들에도 크게 영향을 끼쳤다. 서점에 가보면 제목에서부터 인문학과 경영·투자를 엮는 책이 여전히 많다. "삼성전자 사서 40년 묻어두면 부자가 될 수 있다" 수준의 영양가 없는 결과론이다. 삼성전자 좋은 걸 누가 모르나? 상장종목 4천 개 중 40년 후 삼성전자처럼 될 회사가 대체 뭔지 알 방법이 없는 게 문제지. 도대체 무슨 말을 하는 건지 이해도 안 가고 알고 싶지도 않다.

나에게 "인문학 공부를 해야 폭넓은—또는 창조적인—견해를 가질 수 있다"라는 말은 "군대 가야 사람 된다" 수준의 말로밖에 안 들린다. 인문학 공부 잘못하면 인간 군상 중 두 번째로 위험한 부류인 '무식한데 신념까지 있는' 사람이 될 수도 있고 군대를 갔다 와도 '제 버릇 개 못 주는' 망나니로 남을 수도 있다. 가장 위험한 부류는 '무식한데 신념이 있고 성실하기까지 한' 사람이다.

"인문학 공부를 하면 인간에 대한 이해도가 올라가므로 투자에도 도움이 된다"라는 황당한 소리를 하는 사람도 몇몇 봤다. 전형적인 상관관계와 인과관계를 분간하지 못하는 오류다. 지적 호기심과 탐구심이 많은 사람이니 자기 분야와 무관하고 몰라도 먹고사는 데 전혀 지장 없는 인문학에도 관심을 가지는 것이다. 그리고 그만큼 지적 수준이 높은 사람이므로 사회 전반에 대한 이해도가 높고 다면적 사고가 가능한 것이다. 당연히 사회 전반에 대한 이해도도 낮고 평면적 사고를 하는 사람보다 투자를 잘할 수밖에 없다. 나는 인문학 공부의 중요성에 대해 미학자 진중권 교수가 제시한 의견에 적극적으로 동의한다. 그의 동국대학교 강연 일부를 소개한다.

"인문학, 하기 싫으면 그거 안 해도 됩니다. 물론 본인이 학문 탐구욕이 있고 철학자들의 생각이 궁금하면 해야 합니다. 하는 게 좋지요. 하지만 굳이 모든 사람이 니체, 들뢰즈, 아도르노…. 읽을 필요 없다는 이야기입니다. 인문학을 해야 한다고 강요하는 게 오히려 창의력을 떨어뜨리는 일이죠. 요즘 고전이나 인문학을 뭘 하기 위한 필수 교양으로 생각하는 경향이 있는데, 인문학 하기 싫은 사람은 안 해도 됩니다. 사람들과의 대화, 만남, 그 안에서 일어나는 스토리와 어떤 일을 하고 나서 얻는 인생 경험들. 거기서 내가 뭘 느꼈나, 뭐가 달라졌나, 그런 인문적 체험에 몰입하는 것이 철학적으로도 더 깊은 가치를 주거든요. 인문학보다 더 중요한 건 인문적 체험이에요."

진중권 전 동양대 교수(2013년 10월 17일)

공부를 잘하는 것과 인성이 좋은 게 별개의 사안인 것처럼 인문 고전 읽는다고 인간에 대한 이해도가 높아지는 것도 아니고 그리스어·라틴어·중국어로 된 경구 몇 개 더 안다고 투자 수익률이 올라가지도 않는다. 투자 대가들의 학력만 살펴봐도 인문학과는 거리가 멀다. 조지 소로스와 앙드레 코스톨라니를 제외하면 순수 인문학에 해당하는 문사철을 전공한 투자 대가는 없다시피 하다.

그리고 미국 명문대 중 학부에서 경영학 전공이 가능한 학교는 손에 꼽힌다. 학부 경영대가 적으니 학부에서 경영학과 금융학을 전공한 사람보다는—특히 대중의 컴퓨터 활용도가 높지 않았던 이전 세대일수록—학부에서는 문과생들에게 인기 좋은 사회과학 계열 전공자가 많을 뿐이다. 워런 버핏, 피터 린치, 하워드 막스의 최종 학력은 전부 미국의 최상위 경영대학원이다. 참고로 요즘 금융권 취업을 노리는 미국 학부생들에게 가장 인기 있는 조합은 경제학과 컴퓨터공학 복수 전공이다.

정치학을 전공한 피터 린치는 피델리티Fidelity Investments에서 몇 년간 직장 생활을 한 후 경영대학원으로 진학했다. 그는—실무자 관점에서—대학원에서 가르치던 계량분석이나 투자 이론에 회의감이 컸다며 투자에 가장 도움이 됐던 학교 수업으로 인문학 수업, 특히 논리학을 꼽는다.

하지만 이건 그가 하버드대 경영대학원HBS과 어깨를 나란히 하는 펜실베이니아대UPenn 와튼 스쿨Wharton School 경영대학원에서 금융학을 공부했기에 할 수 있는 말이다. 단순히 학벌의 고하를 논함이 아니다. 자신이 무언가를 이해하고 있어야 필요성에 따라 이를 취하거나 버릴 수 있다.

덧셈이 모여서 곱셈이 된다. 그러나 곱셈의 원리를 아는 사람의 계산과 덧셈의 원리만 아는 사람의 계산은—결괏값은 둘 다 같겠지만—방식에서나 효율에서나 많은 차이를 보인다. 알고 안 하는 것과 몰라서 못 하는 건 완전히 다르다. 피터 린치는 이미 피델리티의 전문투자자였고 피델리티는 1946년 설립된 유서 깊은 투자은행이다.

따라서 "피델리티에서 투자 실무를 배우고 입학한 입장에서 학문적인 경영대학원 수업은 도움이 안 됐다"라는 그의 말을 "주식투자에는 금융보다 인문학 공부가 더 중요하다"로 오해하면 곤란하다. 경제와 금융 지식을 기본적으로 갖추고 있어야 사회과학이든 인문학이든 타 분야의 지식이 주식투자에서 시너지 효과를 낼 수 있다.

피터 린치가 논리학을 언급했으니 이를 예시로 들자면 논리학에 인문학만의 특별한 무언가가 있는 것도 아니다. 법 기술자 양성소인 로스쿨에서 시키는 리걸 마인드legal mind 훈련도 같은 내용이다. 그리고 이런 훈련을 제일 엄격하게 시키는 학문은 순수수학이다. 나 역시 뇌를 가장 많이 계발해준 수업을 골라보라면 현대대수학을 첫손으로 꼽는다. 전공 수업 중 성적도 제일 낮았다. 그러나 투자를 잘하려면 순수수학을 공부해야 한다고 말하진 않는다. 머리가 좋아질 테니 분명히 도움은 되겠지만.

정치학의 경우 어느 정도 투자와 관련이 있는 것 같기도 하다. 그러나 몇 년 전부터 정치학계에서 화제 몰이를 하는 분야는 통계학이 접목된—철학·사상과는 엄청난 거리가 있는—계량정치학이고 비교 정치나 국제 관계 등 거시적인 사회현상을 폭넓게 다루는 정치학은 인문학이 아니라 사회과학이다.

"정치학 전공이면 정치인 하려는 거냐?"라는 질문을 수도 없이 받는 정치학만큼이나 오해받는 학문인 심리학도 마찬가지다. 심리학 역시 독심술과는 아무 상관없는 통계 기반의 사회과학이다. 심리학 공부한다고 사람들의 마음속을 읽고 대중의 수요량이 어디로 향하는지 알게 되지 않는다. 개인의 심리 상태를 미시적으로 진단하고 분석하는 학문은 정신의학이며 정신과 치료는 —상담 역시 중요하지만—대부분 화학적 반응을 이용한 약물 치료로 이루어진다. 최근에는 심리학도 뇌과학, 즉 신경과학과 융합되는 추세다.

나는 정치학 학위 과정을 따르지 않고 지도 교수에게 정치철학과 법철학만 따로 사사했다. 지금 생각해봐도 칸트Immanuel Kant의 『순수이성비판Critique of Pure Reason』이나 켈젠Hans Kelsen의 『순수법학Pure Theory of Law』은 매우 유익하지만 주식투자에는 아무짝에도 쓸모가 없는 책들이다. 내 투자 방식을 완성하는 데 실질적인 도움이 된 수업들은 프로그래밍, 미시·거시경제학, 화폐통화론, 계량경제학이다.

무엇보다도 "통계 수업보다 인문학 수업이 더 도움이 됐다"라던 피터 린치는 학부 인문학 교양 수업을 몇 개 수강한 금융인이다. 학부 수준의 경제와 투자 수업을 교양으로 몇 개 수강한 철학자가 아니다. 교양 금융을 배운 철학자와 교양 철학을 배운 금융인 중 누가 투자를 더 잘할까? 상식적으로 생각해보면 답이 명백한 문제인데 돈맛을 본 유사인문학자들이 자꾸 자신의 망상으로 본말을 전도시킨다. 피터 린치가 기업의 적정 주가를 구할 때 그리스 로마 신화나 신약성서를 참조했을까? 우리말로 완역도 안된, 옛날 사법고시 기본서 글씨 크기에 성경보다 두꺼운 분량인

『신학대전Summa Theologiae』을 100번 읽어도 금융에 대한 이해도나 투자 실력은 전혀 늘어나지 않는다. 『맨큐의 경제학』이나 「The Economist」를 읽어야 한다.

내부자거래나 주가조작처럼 범법 행위가 아닌 이상에야 투자 행위는 선악을 가릴 수 없다. 금융 기법은 가치판단을 하는 것 자체가 불가능하다. 앞서 "투자는 좋은 것이고 투기는 나쁜 것이라고 말하는 사람들은 제발 고등학교 윤리 교과서라도 좀 읽어보라"라는 말도 같은 맥락이다. 금융은 철학이 아니라 기술이고 투자와 별개로 모든 사람이 인문학 공부를 해야 하는 것도 아니다.

주와 부를 헷갈리면 안 된다. 정치학이든, 심리학이든, 철학이든, 당연히 어떤 지식이든 안 배우는 것보다는 낫다. 그러나 『정의란 무엇인가Justice』를 읽기보다는 경제학 원론이나 회계원리를 공부하는 게 실제 투자에 훨씬 더 큰 도움이 된다는 것에 내 증권 계좌를 걸 수 있다. 주식을 매매할 때 플라톤Plato이나 아리스토텔레스Aristotle는 몰라도 되지만, 차트 볼 줄 모르면 단타 치면 안 되고 경제나 회계를 모르면 가치투자 하면 안 된다.

워런 버핏의 오랜 투자 파트너이자 버크셔 해서웨이Berkshire Hathaway의 부회장인 찰리 멍거Charlie Munge 역시 독서광으로 유명하고 그가 추천하는 책 중 투자와 직접적으로 관련된 책은 손에 꼽힌다. 책 추천 목록의 제목부터 금융과는 하등 상관없는 "당신을 더 똑똑하게 만들어줄 20권의 책20 Book Recommendations

That will Make you Smarter"이다.

그러나 멍거는 미시건대University of Michigan 수학과와 하버드대 로스쿨 출신이다. 앞서 말했듯 "투자는 기본적으로 지적 행위이며 몰라도 사는 데 지장 없는 인문학을 굳이 공부할 정도로 지적 수준과 호기심이 높은 사람은 사회 전반에 대한 이해도가 높고 다면적 사고가 가능한 것이다. 당연히 사회 전반에 대한 이해도도 낮고 평면적 사고를 하는 사람보다 투자를 잘할 수밖에 없다."

혹시라도 법학과 금융이—리걸 마인드 교육 외에—무슨 상관인지 의문인 주린이가 있다면 현 연준 의장 제롬 파월 역시 조지타운대Georgetown University 로스쿨 출신으로 세계 3대 사모펀드 칼라일의 파트너였음을 생각해보면 된다. 인수합병 실사M&A DD의 세 축은 전략컨설턴트CDD·공인회계사FDD·변호사LDD가 맡는다.

요약하면 찰리 멍거나 피터 린치처럼 경제 또는 금융과 무관한 독서나 공부를 추천하는 투자자들은 전부 기본적으로 지적 수준이 매우 높고 금융은 학부 이상 수준의 공부를 했거나 수십 년의 실무 경험을 쌓은 전문가다. 이들의 "기술적인 면보다 본질을 신경 쓰라"라는 조언을 "주식투자 하려면 인문학 공부가 중요하다"로 곡해하면 안 된다.

그러니 투자에 인문학을 접목해보겠다는 야망은 일단 접어두고 기본적인 경제와 투자 공부부터 마치자. 기본 없는 응용은 없다.

04
무조건 읽어야 하는 공통 필독서

문과 학생도 수학을 배우고 이과 학생도 국어를 배우듯 주식 투자에서도 자신의 주전공과 무관하게 기본적으로 알아야 할 상식의 영역이 존재한다. 호가창 매매와 추세 매매를 주종으로 삼았던 제시 리버모어도 거시 지표를 꼼꼼히 봤고, "책상 위에는 사업보고서만 있으면 된다"라던 피터 린치도 주당순이익earnings per share; EPS과 주가의 흐름을 모눈종이에 차트로 그려가며 가격과 가치 사이의 괴리율을 확인하고 주가의 타당성을 검정했다.

이번 소단원에서 추천하는 책들은 가치투자든 단타든 읽어두면 반드시 도움이 될 투자철학과 매매 원칙이 주가 되는 책들이다. 가치투자나 단타 중 어느 방식을 선호하더라도 본 소단원에서 추천하는 책들과 207쪽에서 추천하는 우리나라 저자들의 책, 217쪽과 219쪽에서 추천하는 초급 책들은 전부 읽기를 권한다.

여기서는 투자와 직접적인 관련이 있고 투자 대가들이 직접 저술한 책들만 소개한다. 저자에 따라 권하는 투자 방식이 조금씩 다르지만 매매 기법보다는 큰 틀에서 투자 대가들의 관점을 분석하며 읽으면 많은 도움이 될 것이다. 모든 책은 별도의 설명이 없는 한 언급한 순서대로 읽기를 권한다.

4장-01에서 이야기했듯 어떤 방식의 투자를 하든 경제 신문은 필수적으로 읽어야 한다. 영어 신문도 무리 없이 읽을 수 있다면 일간지 「Financial Times」나 주간지 「The Economist」도 추천한다.

역사상 가장 위대한 개인투자자로 불리는 제시 리버모어가 모티브인 『어느 주식투자자의 회상Reminiscences of a Stock Operator』과 그의 매매 방식을 다룬 『주식 매매하는 법How to Trade in Stocks』을 우선적으로 권한다. 둘 다 주식 매매의 기술적 분석보다는 증시와 투자자의 심리에 관한 내용이 훨씬 많고 읽을 때도 이에 초점을 맞춰 읽어야 한다.

『어느 주식투자자의 회상』은 소설 형식이라 읽는 데 별 부담도 없고 재미있으며, 특히 모든 매매를 기관투자자가 아닌 개인투자자 입장에서 기술하기에 개인적으로 얻는 게 많았다. 같은 맥락에서 '일본 증시의 신'으로 불리는 고레카와 긴조是川銀藏의 투자철학과 매매 원칙을 담은 『고레카와 긴조相場師 一代』 역시 추천한다. 직접 읽어보면 더 자세히 알겠지만 철저한 가치투자를 지향했던 고레카와 긴조는 '전설의 투기꾼'이라고도 불리는 제시 리버모어와 유사한 매매 원칙을 보인다. 둘을 비교하며 읽으면 내가 왜 "가치투자냐 단타냐를 따지는 게 중요한 게 아니라 투자철학과 매매 원칙을 세우고 이를 지켰는지가 중요하다"라고 계속 강조하는지 이해할 수 있을 것이다.

우리나라의 개인투자자들 사이에서 "이 세 권을 읽지 않고 투자하면 깡통 차도 할 말이 없다"라는 말까지 나오는 피터 린치의 책들과 '유럽의 워런 버핏'으로 불리지만 정작 당사자는 시장의 심리를 기반으로 투자하기를 즐긴 앙드레 코스톨라니의 책들도 필독서다. 두 투자 대가의 책들은 184쪽에서 소개한다.

앞서 수차례 언급한 하워드 막스의 『투자에 대한 생각』은 가치투자를 다루는 책 중 내가 가장 좋아하는 책이다. 가치투자와 관련해 단 한 권만 추천한다면 주저 없이 이 책을 추천하겠다. 가치투자라는 큰 틀에서 벗어나지 않으면서도 시장의 움직임 역시 항상 주시하는 하워드 막스의 정중동靜中動·동중정動中靜 투자철학이 돋보이는 명저라고 생각한다.

영어에 능통하면 '투자의 귀재' 조지 소로스의 『금융의 연금술The Alchemy of Finance』과 찰리 멍거의 『Poor Charlie's Almanack』도 강력히 추천한다. 안타깝게도 전자의 번역본은 우리나라에서 절판됐고 후자의 번역본은 저자의 의사에 따라 중국어 번역본만 존재한다.

그리고 충분한 시간과 매우 높은 지적 호기심이 있는 독자에게만 어스워스 다모다란Aswath Damodaran의 『투자철학Investment

Philosophies』을 추천한다.

  반드시 읽어야 할 내용은 아니지만 어느 정도 깊이 있는 경제 지식을 접하고 싶다면 우리나라 최고의 경제와 금융 전문가들이 모여 있는 한국은행의 연구 자료[26]를 적극적으로 추천한다. 영어에 어려움이 없고 학술적인 내용에 관심이 있다면 전 세계 경제 석학들이 기고하는 *Project Syndicate*[27]도 도움이 될 것이다.

---

[26] 한국은행 웹사이트(www.bok.or.kr)의 '조사·연구' 목록을 참조하면 된다.

[27] www.project-syndicate.org

피터 린치의 저서 세 권

『전설로 떠나는 월가의 영웅*One up on Wall Street*』

『피터 린치의 투자 이야기*Learn to Earn*』

『피터 린치의 이기는 투자*Beating the Street*』*

앙드레 코스톨라니의 저서 세 권

『돈, 뜨겁게 사랑하고 차갑게 다루어라』

『투자는 심리게임이다』

『실전 투자강의』

*   가급적이면 원서로 읽기를 추천한다.

05
무조건 알아야 하는 공통 이론

경제 공부는 다다익선이지만 그중에서도 주식투자와 관련해 반드시 알아야 할 내용을 둘만 꼽으라면 나는 기회비용opportunity cost과 금리interest rate를 고르겠다.

기회비용이란 "무언가를 선택함으로써 포기하는 기회의 가치"를 의미한다. 어떤 선택으로 인해 포기해야 하는 가치가 기회비용이라면 반대로 어떤 선택으로 인해 얻는 가치는 효용utility이다. 효용은 종종 편익benefit으로도 표현된다. 기회비용 대비 최대의 편익을 얻는 선택, 다시 말해 최소의 비용으로 최대의 효과를 낼 수 있는 선택을 추구하는 학문이 경제학이다.

기회비용은 명시적 비용explicit cost과 암묵적 비용implicit cost의 합이다. 명시적 비용은 어떤 선택을 함으로써 발생하는 회계적 비용이고 암묵적 비용은 포기한 다른 선택지를 통해 얻을 수 있었던 편익의 최대 기댓값이다.

가령 현금 1만 원을 밥 먹는 데 쓰거나 책 읽는 데 쓸 수 있다고 치자. 밥을 먹는다면 책·독서의 즐거움·지식이 기회비용이다. 책을 읽는다면 밥·식도락의 즐거움·포만감이 기회비용이다. 이 때 명시적 비용은 밥 또는 책을 사는 데 사용된 1만 원이다. 식사의 암묵적 비용은 책·독서의 즐거움·지식이고 독서의 암묵적 비용은 밥·식도락의 즐거움·포만감이다.

시간 역시 중요한 기회비용이다. 1시간을 게임에 쓸 수도 있고 공부에 쓸 수도 있다. 게임은 공부에 쓸 시간과 지적 성장을 포기해야 하고 공부는 게임에 쓸 시간과 즐거움을 포기해야 한다. 이 때 명시적 비용은 게임 또는 공부에 사용되는 1시간이다. 게임의 암묵적 비용은 지적 성장이고 공부의 암묵적 비용은 즐거움이다.

대부분 기회비용을 계산할 때 명시적 비용만 생각한다. 명시적 비용은 밥 또는 책의 구매 비용처럼 재화로 환산할 수 있다. 재화의 가치가 변하지 않는 한 누구에게나 같은 가치를 지니며 돈 또는 시간으로 환산해 양적인 비교가 가능하므로 합리적 선택을 결정하는 기준이 명확하다. 상품의 품질이 모두 같다고 가정할 때 같은 돈으로 상품 1개를 사는 것보다 2개를 사는 선택이 더 합리적인 선택이다.

그러나 기회비용에는 암묵적 비용도 포함돼있음을 잊지 말아야 한다. 가르치고 채점하기 편하기 위함인지 우리나라 교육과정에서 암묵적 비용을 처음 설명하는 중·고등학교 사회 교과서와 문제집에서는 암묵적 비용의 정량적인 성질에 치중하는 경향이 있다. 그러나 기회비용은 정치철학자 밀J.S. Mill[28]이 처음 제시한 개념으로 정량적인 성질보다는 정성적인 성질이 훨씬 중요하다. 특히 포기한 편익의 가치인 암묵적 비용을 대략적으로나마 추정하려면 정성적인 성질을 반드시 고려해야 한다.

물론 중·고등학교 사회 교과서뿐만 아니라 대학교의 미시경제학 교재에서도 암묵적 비용을 계산하고 객관적으로 비교할 수 있다고 상정한다. 그러나 이는 수많은 가시적·비가시적 가정들을 전제 조건으로 두고 임금이나 생산량 등 재화 단위로 비교 우위를 가리기 위함이다. 무언가를 선택함으로써 포기하는 기회의 가치, 특히 암묵적 비용에 포함된 편익의 기회비용은 절대적 수치로 표현할 수 없다.

식사와 독서의 예시를 한 번 더 살펴보자. 지식에 목마른 사람이 독서를 선택함으로써 포기하는 식사의 가치와 배부른 사람이 독서를 선택함으로써 포기하는 식사의 가치는 다르다. 마찬가지로 며칠간 굶은 사람이 식사를 선택함으로써 포기하는 독서의 가치와 배부른 사람이 식사를 선택함으로써 포기하는 독서의 가치도 다르다.

그렇다면 식사를 포기한 지식에 목마른 사람과 독서를 포기한 굶주린 사람 중 누가 더 큰 기회비용을 감수한 걸까?

---

[28] 질적 공리주의qualitative utilitarianism 개념을 창시한 영국의 자유주의 철학자다.

알 수 없다. 근본적으로 편익은 수치로 환산할 수 없기 때문이다. 따라서 사람과 상황에 따라 같은 선택도 합리적일 수도 혹은 비합리적일 수도 있다. 눈에 보이는 명시적 비용이 같더라도 전체 기회비용은 다를 가능성이 크다. 기회비용을 따질 때 정량적인 명시적 비용보다 정성적인 암묵적 비용 계산이 더 어렵고 중요한 이유다.

또 다른 예로 월급 300만 원을 받는 갑이 월급 200만 원의 직장으로 이직했다고 치자. 이 경우 갑은 명시적으로 100만 원만큼 손해 보는 비합리적 선택을 한 셈이다. 교과서나 문제집은 대개 이런 명시적 비용을 묻고 계산하는 수준에서 그친다. 그러나 실제 삶은 이렇게 단순하지 않다.

앞서 암묵적 비용을 계산하고 객관적으로 비교하려면 수많은 가시적·비가시적 가정들이 있어야 한다고 했다. 월급의 규모만 비교해 어느 직장에서 일하는 게 합리적 선택인지 가려낼 수 있으려면, 다시 말해 200만 원과 300만 원을 비교하는 단순한 계산으로 합리성을 따지려면 어떤 복잡한 가정들이 필요한지 일부만 살펴보자.

고용 시장에서 갑이 선택할 수 있는 회사가 둘뿐이며 근무 환경·복리 후생·사내 분위기 등 고정소득 외에 두 회사가 제공하는 편익이 정확히 같고, 월급을 포함해 두 회사가 제공하는 모든 편익이 앞으로도 지금과 같다는 전제 조건들이 필요하다.

하나하나 세밀하게 따지자면 직무 종류와 직급, 회사의 업계 평판 또는 사회에서 지닌 회사의 이름값, 회사 또는 회사가 소속된 업종의 성장성, 회사의 위치에 따른 출퇴근 편리성과 여가 시설 같은 인접 주거 환경의 인프라—가정이 있다면 자녀 학군도 포함하여—수준 등 크고 작은 가정들이 훨씬 더 많이 존재한다.

고액 연봉의 대기업을 퇴사하고 스타트업이나 공무원 시험에 뛰어드는 직장인들이 얼마나 많은가? 심지어 여행 등 취미 생활을 위해 퇴사하는 사람들도 찾아보면 한둘이 아니다. 명시적 비용만을 고려해 돈으로만 기회비용을 따진다면 설명 불가능한 비합리적 선택들이다. 하지만 위 수많은 가시적·비가시적 가정들을 하나씩 살펴보면 실제로는—선택을 내린 당사자 개개인에게는—가장 합리적인 선택일 수 있다. 본인이 아니고서야 알 수 없는 노릇이다.

시간의 기회비용에서 이런 암묵적 비용의 정성적 특징이 잘 드러난다. 모든 사람에게 주어진 시간의 양은 같지만 주어진 시간을 어떻게 쓰느냐에 따라 얻는 편익은 천차만별이다. 이 점을 이해한다면 "시간은 돈이다"가 왜 틀린 말인지 알 수 있을 것이다.

시간의 가치는 정성적이므로 객관적으로 비교할 수 없지만 돈의 가치는 정량적이므로 객관적으로 비교할 수 있다. 위 회사원의 예처럼 비교 우위를 가리는 데 필요한 가정들을 동일하게 적용할 수 없으므로 시간과 돈은 동일 선상에서 기회비용을 비교할 수 없다.

그러나—다른 재화 단위를 통한 비교가 아닌—시간과 돈 둘만 놓고 비교하자면 둘 사이의 우열은 명확하다. 시간은 소비만 가능한 자본이지만 돈은 축적도 가능한 자본이다. 시간을 충분히 들이면 이미 사용한 돈도 되찾을 수 있고 새로운 돈도 얻을 수 있다. 그러나 돈을 아무리 쏟아부어도 이미 사용한 시간은 돌이킬 수 없고 아낄 수 있는 남은 시간의 양 또한 한정적이다. 가는 데는 순서가 없기 때문이다.

그러므로 시간은 돈보다 귀하다. 진정한 자본가는 돈으로 시간을 아끼고 반쪽짜리 자본가는 시간으로 돈을 모은다.

모든 사람은 매 순간 재화와 시간 혹은 둘 다를 기회비용으로 사용하고 이를 대가로 편익을 얻는다. 그러나 재화와 시간은 유한한 자원이며, 특히 시간은 모을 수 없고 쓸 수만 있는 매우 희소한 자원이다. 따라서 우리의 유한한 재화와 시간은 최소 기회비용과 최대 편익의 균형 상태equilibrium를 도출하는 가장 효율적인 방식으로 사용돼야 한다.

위험성과 기대 수익률처럼 기회비용과 편익 역시 한 몸과 같다. 기대 수익률 대비 부담해야 하는 위험성이 큰 투자는 피해야 하는 것처럼 편익 대비 포기해야 하는 기회비용이 큰 선택은 피해야 한다. 위험성보다 큰 기대 수익률 혹은 기회비용보다 큰 편익을 추구하는 선택을 '합리적'이라 부른다.

산술적으로 최소 비용 대비 최대 효과를 낼 수 있는 선택을 경제학에서는 가장 효율적인 결괏값the most efficient output이라고 표현한다. 흔히 경제학 첫 단원에서 배우는 공급곡선과 수요곡선의 교차점이 바로 가장 효율적인 결괏값인 최대 편익을 도출하는 균형 상태다. 투자에서도 가장 효율적인 결괏값을 도출하는 균형 상태를 찾아야 한다.

이는 1장에서 정의한 투자의 본질, "투입량보다 더 큰 산출량이 기대될 때 위험을 감수한다"와 정확히 일치한다. 투자가 "무작위적인 가능성에 기대는 도박 대신 계산된 확률에 기대는 매매"인 이유이기도 하다. 투자란 합리적 판단을 통해 최소 위험성 대비 최대 기대 수익률의 균형 상태를 추구하는 지적 행위다.

경제학에서는 모든 경제 주체가 합리적 판단을 내린다고 가정한다. 그러나 사람은 기계가 아니며 이성만으로 행동하지도 않는다. 투자자들의 합리적 판단을 방해하는 요인은 탐욕과 공포다. 탐욕과 공포는 투자자의 내면이 아닌 외부로부터 온다. 외부란 시장 상황, 주가의 등락, 다른 투자자들의 수익률 등이다. 탐욕과 공포에 휩쓸리지 않고 합리적 판단을 하려면 자신만의 투자철학과 매매 원칙을 세우고 이를 굳게 지켜야 한다.

그러나 투자자 대부분은 외부에 휩쓸려 내면의 철학과 원칙을 지키지 못해 실패하고 정작 실패의 원인은 투자 기법의 종류에서 찾는다. 투자철학 또는 매매 원칙을 지키는 것과 사용하는 투자 기법의 종류는 아무 상관이 없다. 차티스트든 가치투자자든 내면의 철학과 원칙 대신 외부의 현상을 판단 근거로 삼는 투자자는 폭풍우 치는 밤바다 한가운데서 나침반 대신 하늘을 보고 항로를 잡는 항해사와 같다.

단타를 친다면 손절이든 익절이든 주가가 자신이 세운 기준선을 건드렸을 때 칼매도하고 뒤를 돌아보지 말아야 한다. 만약 매도 후 더 날아가더라도 애초에 인연이 없는 수익이다. 가치투자를 한다면 주가가 폭락하든 폭등하든 자신이 계산한 내재 가치에만 집중해야 한다. 회사의 가치를 기준으로 매수해놓고 주식의 가격을 기준으로 매도하는 매매를 할 바에야 차라리 ETF 비중 100%로 맞춰놓고 HTS를 지우는 게 낫다.

단타를 치든 가치투자를 하든 주식투자는 오로지 투자자의 투자철학과 매매 원칙에 의존한 판단으로 이루어져야 한다. 투자철학과 매매 원칙을 지킨 매매만이 합리적 투자다. 최소 위험성 대비 최대 기대 수익률을 도출하는 합리적 투자를 했다면 그게 가장 효율적인 결괏값이다. 그렇다면 실현 수익이 얼마가 됐든 수익금에 미련을 가질 필요가 없다. 투자의 수익률이나 성공률을 개선하고 싶다면 다른 사람들의 투자 기법이나 비법을 찾을 게 아니라 자신의 투자철학과 매매 원칙의 합리성을 재점검해 개량할 여지를 찾고 이를 보완해야 한다.

이전 장들에서 말했듯 자신의 수익이나 남의 수익이 중요한 게 아니다. 수익은 결과에 불과하다. 정말 중요한 건 계산된 확률에 기대는 합리적 매매를 했는지, 아니면 무작위적인 가능성에 기대는 충동적 도박을 했는지다. 그리고 위험성은 최소화하고 기대 수익률은 최대화하는 합리적 매매를 하려면 기회비용을 제대로 계산해야 한다. 투자자가 기회비용을 정확히 계산하려면, 다시 말해 투자에 있어 보다 합리적으로 사고하고 판단하려면 어떻게 해야 할까?

이성적이고 차분한 성격을 타고나는 게 가장 주효하다. 그러나 이는 선천적인 기질이므로 논외로 두고 후천적으로 계발할 방법을 찾아야 한다. 개인적으로 심리·행동경제, 게임이론, 경제사 공부가 가장 유용하다고 생각한다. 대중서만 꼽아도 추천 도서가 많으므로 196~197쪽에 부연 설명 없이 제목만 언급하겠다. 전문서에 가까운 심화 교재는 198쪽에 따로 추천한다.

기회비용이 투자자 개인의 판단에 영향을 끼치는 미시적 사안이라면 금리는 금융시장과 실물경제에 영향을 끼치는 거시적 사안이다. 각국 중앙은행은 금리 조정이라는 강력한 통화정책으로 돈의 흐름을 통제한다. 세계 최강대국이자 세계 금융의 중심지 미국의 중앙은행인 연준이 발표를 할 때마다 전 세계가 주목하는 이유다.

금리가 직접적인 영향을 끼치는 분야만 열거하더라도 환율·채권·주식·인플레이션 등 하나하나가 굵직한 사안이다. 간접적인 영향을 끼치는 분야는 일일이 셀 수도 없다. 여기서는 채권시장과 주식시장은 일반적으로 반대 방향이며, 채권 이자율과 채권 가격은 항상 반대 방향이고, 중앙은행은 불황일 때 기준금리를 내리고 호황일 때 기준금리를 올린다는 간단한 내용 정도만 언급하고 넘어가겠다.

금리는 영향을 끼치는 범위가 방대한 만큼 신문에서도 자주볼 수 있는 흔한 주제다. 앞서 경제 신문 공부용으로 추천한 책들을 읽으면 금리에 대한 대강의 개념은 잡을 수 있다. 그러나 금리는 우리가 자주 접하는 흔한 주제인 동시에 매우 예민한 주제이기도 하다. 0.01 단위인 퍼센테이지포인트%p를 100으로 나눈 베이시스포인트bp[29]가 기본 단위일 정도로 예민하다. 0.0001 단위로 움직이는 금리의 복잡한 원리와 구조를 제대로 알려면 공부해야 할 내용이 매우 많다. 금리 역시 기회비용과 마찬가지로 관련 내용을 투자에 접목한 대중서와 심화 교재를 197쪽과 199쪽에서 구분해 추천한다.

앞서 추천했던 책들과 마찬가지로 내용이나 깊이가 비슷하다고 여겨지는 책들은 같은 행으로 묶었다. 같은 행의 책들은 취사선택해 읽어도 상관없다. 열은 난도가 낮고 이론 자체를 많이 다루는 순으로 적었다. 즉, 밑으로 갈수록 난도가 높거나 이론보다

---

[29] 베이시스포인트는 보통 '빕'이라고 읽는다. 즉, 1빕1bp은 0.01%p다.

는 실제 투자에 어떻게 접목할 것인지에 대한 기술적인 내용을 다룬다. 내 사견이므로 직접 읽어보고 적합한 책을 고르기를 바란다. 물론 다 읽는 게 제일 좋다.

기회비용과 금리의 심화 학습에 적합하다고 생각되는 책들은 대가의 의견이 반영된 추천 목록이 아니다. 나 또한 반드시 읽어야 하는 필독서라고 생각하지도 않는다. 어디까지나 상경 계열 또는 이공 계열 출신으로 배경지식이 충분하며 지적 호기심이 넘치는 독자들이 심화 학습을 원할 경우를 대비해 매우 주관적으로 선정한 추천 목록이다. 내가 심화 교재를 선정한 기준과 추천하는 이유에 동의하지 않는다면 무시하고 넘어가도 무방하다.

심리·행동경제 추천 도서

『넛지Nudge』, 『생각에 관한 생각Thinking, Fast and Slow』

『투자자의 뇌Inside the Investor's Brain』

『로스What I Learned Losing a Million Dollars』

『투자와 비이성적 마인드Investing and the Irrational Mind』

『블랙 스완The Black Swan』

『마이클 모부신 운과 실력의 성공 방정식The Success Equation』

『행운에 속지 마라Fooled by Randomness』

『비이성적 과열Irrational Exuberance』

『통섭과 투자More Than You Know』

『주식시장을 이기다The Only Three Questions That Count』

게임이론 추천 도서

『이기는 선택』

『전략의 탄생The Art of Strategy』

『게임이론Game Theory』(McCain 지음), 『게임이론』(김영세 지음)

경제사 추천 도서

『돈이 보이는 주식의 역사』

『금리의 역사A History of Interest Rates』

『황금 족쇄Golden Fetters』

『금융투기의 역사Devil Take the Hindmost』

『광기, 패닉, 붕괴 금융위기의 역사Manias, Panics and Crashes』

『글로벌라이징 캐피털Globalizing Capital』

『인플레이션Inflation』

『달러 트랩The Dollar Trap』*

『투자의 네 기둥The Four Pillars of Investing』

『주식투자전략How Legendary Traders Made Millions』

『시장은 어떻게 반복되는가Markets Never Forget』

금리·환율 추천 도서

『글로벌 금융 탐방기』

『금리를 알면 부의 미래가 보인다』『부의 대이동』

『환율의 미래』『환율은 어떻게 움직이는가?』

『위험 없이는 수익도 없다Understanding Arbitrage』**

『다시 쓰는 주식 투자 교과서』

『채권투자노트』

『현명한 채권투자자The Strategic Bond Investor』

---

*   우리나라에서 절판이다. 중고 서점에서 구할 수 있기를 바라며 가능하다면 원서로라
    도 꼭 읽어볼 것을 권한다.

** 우리나라에서 절판이다. 중고 서점에서 구할 수 있기를 바라며 가능하다면 원서로라
    도 꼭 읽어볼 것을 권한다.

전략컨설팅 회사에서 사용하는 수준의 게임이론은 'BCG 매트릭스***'의 개념을 이해하고 『전략의 탄생』을 정독하는 정도로만 공부해도 충분히 익힐 수 있다. 깊이 있는 게임이론을 공부할 의향은 있으나 수리적 배경이 약하다면 (우리나라에서 절판이지만) 『갈등의 전략*The Strategy of Conflict*』을 추천한다.

만약 경제학을 공부한 적이 없다면 원론과 미시·거시 개론부터 공부하는 걸 권한다. 이하는 상경 계열과 이공 계열 전공자들에게 한정해 전하는 말이다.

기회비용을 정밀하게 계산하는 데 최적화된 학문은 게임이론이다. 영화 「뷰티풀 마인드*A Beautiful Mind*」로 유명한 천재 수학자이자 노벨 경제학상 수상자인 존 내쉬John Nash의 균형이론Nash Equilibrium이 게임이론의 토대다. 다들 한 번쯤 들어봤을 죄수의 딜레마Prisoner's Dilemma가 게임이론의 가장 유명한 사례다.

전설적인 "이 학생은 수학 천재입니다" 한 줄 추천서로 19살에 프린스턴대Princeton University**** 수학과 박사에 합격한 천재가 만든 학문답게, 게임이론을 제대로 이해하기 위해서는 수학을 어느 정도 알아야 한다. 그러나 학부 수준의 게임이론은 그렇게까지 많은 수학 지식이 필요하지 않다.

치앙Chiang이나 사이먼-블룸Simon-Blume 경제수학 또는 크라이직Kreyszig 공업수학 교재를 봤다면 상미분방정식과 선형대수의 기본 개념은 알 것이다. 이 경우 프렐라이Fraleigh의 『현대대수학*A First Course in Abstract Algebra*』을 훑어보며 오스본Osborne의 『*An Introduction to Game Theory*』 한 권 또는 빈모어Binmore의 『*Playing for Real*』과 『*Game Theory*』 두 권을 정독하는 걸 추천한다.

물론 현대대수를 몰라도 오스본이나 빈모어의 교재를 이해하는 데는 문제없다. 그러나 게임이론을 제대로 이해하려면 위상수학을 알아야 하기도

*** 세계 3대 전략컨설팅펌MBB 중 하나인 보스턴컨설팅그룹BCG이 개발한 사업성 분석 기법이다. 기업의 경영전략 수립에 있어 기본적인 분석 도구로 활용된다.

**** 메사추세츠공과대학MIT, 캘리포니아주립대 버클리 캠퍼스UC Berkley와 함께 미국 수학과 박사과정 Top 3로 꼽힌다.

하거니와 게임이론에 관한 지식 습득과 별개로 나는 학부 3학년 이하 과정에서 현대대수학보다 합리성을 향상하는 수학 과목을 떠올릴 수 없다. 개인적으로 현대대수학을 공부하며 참과 거짓, 특히 '명백한 것처럼 보이는' 명제와 '명백한' 명제를 구별하는 능력을 엄청나게 키울 수 있었다. 그러니 수리적 배경이 충분하다면 한 번쯤 시도해보는 것을 권하고 싶다.

앞서 말한 것처럼 게임이론을 학문적으로 깊게 공부해보고 싶은 독자들을 위한 추천일 뿐이다. 주식투자 하려면 인문학을 공부해야 하는 게 아니듯 순수수학이나 게임이론을 몰라도 주식투자 하는 데는 아무 지장 없다. 피터 린치의 말마따나 "중학교 수준의 수학 지식"이면 충분하다.

금리·환율 심화 교재(상경 계열 전공자들)

이 분야는 교과서만큼 정확하고 심도 있게 공부할 수 있는 책이 없다. 원론과 미시·거시 개론은 전부 제대로 공부했다고 가정한다. 문과라면 맨큐Gregory Mankiw의 『거시경제학Macroeconomics』으로, 이과라면 블랑샤Olivier Blanchard의 『거시경제학Macroeconomics』으로 중급 거시경제학도 공부하는 걸 추천한다. 전부 볼 필요는 없고 금리와 관련된 부분만 보면 된다.

중급 거시경제학 통독이 제일 좋지만 이 과정을 건너뛰고 화폐통화론부터 공부한다면 체케티Stephen Cecchetti의 『Money, Banking and Financial Markets』나 미쉬킨Frederic Mishkin의 『화폐와 금융The Economics of Money Banking and Financial Markets』으로 화폐통화론 전반을 공부하는 게 최선이고, 핀스트라Robert Feenstra의 『핵심 국제경제학Essentials of International Economics』으로 금리 변화에 따른 환율과 통화량의 변화만이라도 자세히 살펴보는 게 차선이다.

금리 중에서 환율을 깊게 다루는 책은 사르노Lucio Sarno의 『The Economics of Exchange Rates』를, 채권을 깊게 다루는 책은 파보찌Frank Fabozzi의 『Fixed Income Analysis』와 『The Handbook of Fixed Income Securities』를 추천한다.

06
차트 분석 설명과 추천 도서

앙드레 코스톨라니는 "주식은 종합예술"이라 했다. 투자 수준이 올라가면 자연스레 숫자의 이면에 깔린 이야기를 찾게 된다. 본 책에서 시종일관 계속 잔소리하는 대로 투자에 있어 So What 대신 Why에 초점을 맞추고 현상 너머의 본질을 찾는 훈련을 꾸준히 하다 보면 주린이들도 조만간 정량성에서 정성성을 찾아낼 수 있으리라 기대한다. 나 역시 계속해서 훈련 중이다.

차티스트든 가치투자자든 매매 방식과 무관하게 일정 수준에 도달한 모든 투자자가 이 '이야기'를 찾는다. 다만 관점이 다른 만큼 이야기를 찾고 해석하는 방식과 중점을 두는 부분이 다를 뿐이다.

기술적 분석을 사용하는 차티스트는 차트에 드러나는 주가의 흐름을 통해 시장의 이야기를 읽는다. 가치평가를 사용하는 가치투자자는 재무제표에 드러나는 손익의 흐름을 통해 기업의 이야기를 읽는다. 3장-01에서 설명한 단타의 대전제 두 가지와 가치투자의 대전제 한 가지를 기억한다면 이들의 해석 방식이 왜 다른지 이해할 수 있을 것이다.

개인적 경험으로 시장이 정상일 때는 가치평가가, 시장이 제정신이 아닐 때는 기술적 분석이 유용했다. 흔히 '공포지수'라고 부르는 변동성지수VIX와 공포와 탐욕 지수Fear&Greed Index[30]를 통해 투자자의 탐욕과 공포, 그리고 시장의 광기를 대략적으로나마 파악할 수 있다.

몇 년 전까지만 해도 국내외 제도권에서도 기술적 분석을 사용하는 애널리스트가 꽤 있었다. 경제지에서 '기술적 분석 분야 베스트 애널리스트'를 뽑아 발표하기도 했다. 그러나 지금은 주식 매매에서 기술적 분석만을 사용하는 기관투자자는 멸종됐다고 봐도 무방하다. 선물옵션과 외환 같은 파생상품 시장에서는 기술적 분석이 여전히 많이 사용되고 있으나 파생상품 시장에서 개인투자자는 찾아보기 힘들다. 단타와 가치투자의 지난한 논쟁에 대한 견해는 3장에서 자세히 설명했으므로 생략한다.

선물거래를 하는 일부를 제외하면 차티스트 절대다수가 주식의 단타 거래를 한다. 파생상품 시장과 암호통화 시장에서는 기술적 분석이 여전히 활발히 사용되므로 차트 매매에 관심이 있다면 파생상품 매매에 관한 이론서들도 읽어보면 좋다. 노파심

---

[30] https://money.cnn.com/data/fear-and-greed/에서 확인 가능하다.

에 덧붙이자면 파생상품은 이론 공부를 해보라는 말이지 절대 실전 매매를 권하는 게 아니다.

개인투자자 중 40대 이상의 1세대 차티스트들이 주로 증권시장과 선물시장에서 거래했다면 주로 2030인 2세대 차티스트들은 비트코인 등이 거래되는 암호통화 시장을 주 무대로 삼는다. 2세대 차티스트들은 2020년 동학개미운동 열풍이 불 때 증권시장으로도 많이 유입됐다.

한 달도 안 되는 짧은 기간 동안 수백 퍼센트의 수익률을 올린 후 "최악의 경우―암호통화는 하한가 제한이 없는데―겨우(?) 30%밖에 안 까이고 정부에서 대놓고 테마 집어주며 기관 공매도까지 막아주는 이런 노다지를 몰랐던 게 안타깝다"라며 감탄사(?)를 표하던 20대 차티스트도 봤다. 그에게 "주식이 뭔지도 모르면서 차트만 보고 들어가다가 물리면 어쩌냐"라고 물으니 "하한가 제한도 없는 코인 물리면 1년 넘게 버티는 게 보통인데, 하한가 제한까지 있는 주식을 못 버티겠나"라고 반문했다. 이걸 대책이 없다고 해야 할까, 아니면 우문현답이라고 해야 할까.

일반적인 주식 차티스트들은 차트 매매를 하더라도 정성 분석을 아예 무시하지는 않는다. 물론 가치투자자들처럼 최근 몇 년 치의 사업보고서를 출력하고 재무제표를 엑셀에 넣어서 계정을 하나하나 전부 뜯어보는 수준은 아니다. 그러나 최소한 '네이버 금융'을 통해 매출액과 영업이익 등 주요 계정 정도는 확인한다.

기술적 분석을 하든 가치평가를 하든—특히 우리나라 주식을 거래한다면—기본적인 차트와 재무제표 보는 법은 익혀야 한다고 생각한다. 애널리스트 교육과 양성 목적을 가진 CFA 교육과정에서조차 시장의 전체 추세를 살펴볼 수 있는 간단한 지표인 페넌트penant와 헤드앤숄더head&shoulder 정도는 언급한다. 물론 CFA 교육과정에서 차트를 통해 시장의 심리를 읽는 법을 가르치진 않는다.

　가치평가와 마찬가지로 기술적 분석 역시 미국에서 만들어졌고 활발히 연구돼왔다. 그러나 미국 증시와 우리나라 증시는 규모·제도·회계기준 등 여러 면에서 다르다. 교과서라 할 만한 이론 위주의 책들은 외국 책(206쪽)을, 기출문제집이라 할 만한 실제 사례 위주의 책들은 우리나라 책(207쪽)을 추천한다. 차트 매매는 수급과 추세가 핵심이며 이 두 원리를 이해하려면 지지와 저항 개념을 정확하게 알아야 한다. 이를 염두에 두고 읽으면 추천 도서들에서 이야기하는 바를 이해하는 데 도움이 될 것이다.

　물론 기술적 분석 책은 외국 책과 우리나라 책 모두 기법 중심이다. 그러나 대부분 제도권이나 학계 출신인 외국 저자들과 달리 우리나라 저자들은 대부분 개인투자자 출신이라 그런지 외국 책이 배경과 원리 설명에 비중을 두는 이론서에 가깝다면 우리나라 책은 실전 적용에 비중을 두는 매매 일지에 가깝다. 개인적으로는 학자와 기술자의 설명처럼 혹은 일반대학원과 전문대학원의 교수요목처럼 내용은 같은데 결이 다르다고 생각한다.

수십 권의 기술적 분석 책을 읽어본 내 사견으로는—기술적 분석에 한정한—평균 수준에서 비교했을 때 우리나라 책 수준이 상당히 높다. 우리나라 투자자들이 "코스닥 난이도는 이 세상 것이 아니다"라고 할 정도로 별의별 일이 다 생기는 험난한 환경에서 검증된 기법들이라 그런 걸까? 소장까지 이어진 책은 극히 드물지만 서점에서 별 기대 없이 펼쳤다가 감탄한 경험이 꽤 많다.

여담으로 나도 기술적 분석에 오랜 기간 관심을 두고 공부해 왔다. 최종 목적은 자동 매매 시스템 구축이었다. 코스피와 코스닥 상장종목의 일일 데이터 570만 개와 우리나라와 미국의 장·단기 국채 금리를 수집 후 가공해 SQL로 데이터베이스화하고 파이썬을 통해 분석했다. 매매 경험에서 착안한 몇몇 가설들을 시계열 분석을 통해 검증했고, 백테스팅뿐만 아니라 실전 매매에서도 그럭저럭 괜찮은 승률을 보이는 알고리즘도 몇 개 만들 수는 있었다.

그러나 AI 설계까지 혼자 하기에는 프로그래밍 실력이 모자란 탓인지 아무리 알고리즘의 개·보수를 해봐도 눈대중으로 찍는 것보다 못한 승률과 수익률이 이어져 결국 시스템 매매는 포기했다. 한 번 제대로 정리하려고 했으나 본업에 치여 구상만으로 그쳤던, 증시 데이터의 개인 데이터베이스화가 유일한 수확이라면 수확이었다.

시스템 트레이딩은 아니더라도 나처럼 개인 데이터베이스를 구축하는 수준의 코딩은 비전공자도 쉽게 할 수 있다. C(++)든, 자바든, 파이썬이든, R이든 개론 수준의 기초 코딩 공부를 해본 적이 있다면 한 번쯤 도전할 만하다. 직접 원시 자료raw data부터 뜯어보면 배우는 게 많다.

물론 자신만의 데이터베이스 구축은 (응용) 통계, 상경 계열, 이공 계열 출신 또는 정확한 데이터 해석이 가능한 수준의 통계와 경제 지식을 갖춘, 주식만 빼고 다 아는 주린이에게 추천하는 것이다. 남이 가공해준 데이터의 결과물인 경제 신문이나 애널리스트 리포트도 안 읽는다면 원시 자료 뜯어보기 전에 신문과 리포트부터 읽는 게 먼저다.

차트 매매 추천 도서(외국)

『금융시장의 기술적 분석*Technical Analysis of the Financial Markets*』

『차트 패턴*Getting Started in Chart Patterns*』

『기술적 분석 모르고 절대 주식투자 하지 마라*Getting Started in Technical Analysis*』

『시장의 마법사들*Market Wizards*』 시리즈 전체 중 처음 네 권*

『엘리어트 파동이론*The Wave Principle*』(Elliott 지음)

『주식시장에서 살아남는 심리투자 법칙*The Trading for a Living*』

『언제 매도할 것인가*The New Sell & Sell Short*』

『거래의 신, 혼마*本間宗久翁秘話*』

『터틀의 방식*Way of the Turtle*』

『터틀 트레이딩*Complete Turtletrader*』(Covel 지음)

『진입과 청산 전략*Entries & Exits*』

『최고의 주식 최적의 타이밍*How to Make Money in Stocks*』

『전설의 프로 트레이더 빅*Trader Vic*』**

『주식투자 절대지식*The Universal Principles of Successful Trading*』

---

* 『시장의 마법사들』 『헤지펀드 시장의 마법사들*Hedge Fund Market Wizards*』 『새로운 시장의 마법사들*The New Market Wizards*』 『주식시장의 마법사들*Stock Market Wizards*』 총 네 권이다.

** 1, 2권이 있는데 둘 다 우리나라에서 절판이다. 중고 책 또는 원서로 읽어볼 것을 추천한다.

기술적 분석 추천 도서(국내)

『차트의 기술』『차트의 정석』

『원칙대로 손절하고 차트대로 홀딩하라』***

『쩐의 흐름을 타라』

『돈 버는 주식습관은 따로 있다』

『실전투자 절대지식』

『주식시장의 승부사들』

*** 다른 투자자의 매매 일지를 읽는다는 생각으로 가볍게 읽어볼 만하다. 생략해도 무
방하다.

07
가치평가 설명과 추천 도서

차트 매매와 가치투자를 간단히 비교 설명한 3장-01을 되살려보자. 가치투자의 핵심 사상은 "주가는 기업가치에 회귀—또는 동행—한다"다. 그렇다면 기업가치란 무엇인가? 기업의 본질을 생각해보자. 요즘은 ESG로 요약되는 기업의 윤리적 의무도 중요시 여겨지지만 기업의 원초적인 목적은 영리 추구와 이윤 극대화다. 즉, 기업가치란 쉽게 말해 기업이 돈을 얼마나 잘 버느냐에 의해 정해진다.

그래서 현금흐름 창출 능력을 주 척도로 기업의 내재 가치를 추정하는 방식인 가치평가valuation를 기본적 분석fundamental analysis이라고도 한다. 이윤 창출이라는 기업의 본질적 목적—펀더멘털—에 집중한다는 의미다. 가치평가의 핵심 수단인 회계도 '기업의 존속', 다시 말해 "기업이 앞으로도 계속 영업 활동을 해서 현금흐름을 창출할 것"을 대전제로 기업의 가치를 산정한다. 이를 존속 가치going concern value라고 한다.

크게 봤을 때 차트 분석 공부 주제가 '심리' 하나로 요약된다면 가치평가 공부 주제는 '기업'과 '산업'으로 나뉜다. 기업 중심의 기본적 분석을 바텀업 분석이라 하고 산업—또는 경제—중심의 기본적 분석을 탑다운 분석이라 한다.

둘의 차이를 설명하기 위해 아주 단순한 예를 들어보겠다. 임의의 기준으로 평가하는 재무 성과가 60점 이상인 회사들을 우량주라고 가정하고 두 회사 A와 B가 있다고 치자. A의 재무 성과는 100점이고 B의 재무 성과는 80점이다. 그러나 A는 지루하고 밋밋한 자산주 종목이고 B는 소위 '핫한 테마'(e.g. 바이오·5G·게임·메타버스·NFT 등)라고 불리는 종목이다. 바텀업 투자자라면 A에, 탑다운 투자자라면 B에 투자할 것이다.

물론 비교를 위한 극단적인 예시고 실제로는 바텀업 투자자든 탑다운 투자자든 가치투자자 대부분은 기업·산업·경제를 모두 고려한다. 일반적으로는 미국은 바텀업 분석이, 우리나라는 탑다운 분석이 주류고 또 실제로도 해당 시장에서는 각 기법이 주효하다. 기축통화국이자 세계 최강대국인 미국과 수출국이자 대외 경제에 크게 영향을 받는 우리나라의 차이가 아닐까 싶다.

기본적 분석 역시 기술적 분석 못지않게 공부해야 할 분량이 많다. 앞서 3장-05에서 간단히 설명했듯 가치평가를 기반으로 한 가치투자는 주식의 종류부터 다양하므로 가치투자자를 지향한다면 4장-04와 4장-05에서 소개한 책들은—심화 교재를 제외하고—반드시 다 읽기를 권한다.

개인적인 생각에 학부 1학년 이하 수준으로 한정해 말하자면 기술적 분석은 문과 교육과정, 기본적 분석은 이과 교육과정과 비슷한 면이 있다. 문과 출신이라고 일정 수준의 문해력이나 필력을 갖추는 건 아니지만 이과 출신이면 일정 수준의 계산력을 갖추는 것이나, 인문 서적 많이 읽는다고 인간에 대한 이해도가 올라가는 건 아니지만 수학 문제 많이 풀면 수리력이 올라가는 것과 같다.

문과는 문해력과 비판적 사고력이 관건이기에 필수적으로 알아야 할 지식의 양은 많지 않다. 「관동별곡」이나 '음운 변동의 규칙'을 모른다고 사설이나 신문 기사 못 읽는 건 아니잖은가? 그러나 문해력과 비판적 사고력 같은 추상적인 능력을 쌓고 계발하는 데는 타고난 감과 지능도 어느 정도 필요하다. 문맥과 행간의 이해 정도를 수치화하거나 이런 이해력을 증가시킬 정량적인—이해 정도를 n만큼 올리기 위해 책을 N권 읽힌다든지—방안이 있는가?

반면 이과는 학습 순서를 따르지 않으면 지식의 습득 자체가 불가능하다. 방정식을 모르면 함수를 이해할 수 없고 극한을 모르면 미적분을 이해할 수 없다. 그렇기에 선수 지식의 양 자체가 많으며 이를 익히는 데는 소수의 수재와 둔재를 제외하면 타고난 감이나 지능보다는 끈기와 성실성이 더 중요하다. 이공 계열 전공자들이나 상미분방정식 이상의 수학 수업을 들어본 사람이면 다 알겠지만 고등학교 이과 과정의 수학은 이해보다는 암기에 가깝다.

물론 일반대학원 박사과정에서 생산되는 지적 산물은 계열 불문하고 원생의 육신과 영혼이 갈려 나가는 동안 재능·노력·운 삼박자가 맞아떨어져야 탄생하는 창조의 영역이니 논외다. 전술했듯 학부 1학년 이하 수준으로 한정한 이야기다.

사설을 길게 늘어놓은 이유는 차트 하나만 연구하는 기술적 분석보다 기업과 산업을 다 공부해야 하는 기본적 분석이 공부해야 할 양이 훨씬 많아 *보이고*, 수많은 이론과 공식이 존재하는 탓에 이해하기도 더 어려워 *보이기* 때문이다.

그렇지 않다.

3장-02에서 자세히 설명했듯 개인적으로는 기술적 분석이 기본적 분석보다 학습하기 더 까다롭다고 생각한다. 학습 난도는 사람마다 다르게 느낄 수 있는 영역이니 차치하더라도, 차티스트든 가치투자자든 숫자 이면의 이야기를 찾는 건 마찬가지다. 차티스트는 시장의 이야기를, 가치투자자는 기업의 이야기를 해석한다는 점이 다를 뿐이다. 어느 쪽이든 쉬울 리 없다. "기업의 이야기를 해석한다"라는 말의 의미는 본 소단원을 마저 정독한 후 4장-04의 공통 필독서들을 읽으면 더욱 정확히 깨달을 수 있을 것이다. 구체적인 사례들은 『내러티브 & 넘버스*Narrative and*

Numbers』와 『숫자로 경영하라』 1~4권을 참조하면 된다.

기업의 이야기를 발굴하고 해석하는 건 가치투자의 정수라 할 만하다. 그러나 이건 기본적 분석에 숙달된 가치투자자들이 고민할 만한 고차원적인 주제다. 기본적인 의사소통이 안 되는데 어떻게 전후 사정을 파악할 수 있겠는가? 일단 기업이 하는 말을 이해할 수 있어야 기업의 이야기를 파악할 수 있다.

기업은 회계어語로 말한다. 그래서 흔히 회계를 "기업의 언어"라 부르고 가치평가를 위한 기본적 분석 공부의 시작은 회계 공부다. 회계어는 우리의 일상 언어와 구조부터 단어까지 모든 게 다르다. 한국인이 미국인과 대화하려면 미국인이 한국어를 배우거나 한국인이 영어를 배워야 한다. 사람처럼 독립된 인격체인 기업—법인法人—과의 대화 역시 마찬가지다. 기업은 독립된 인격체지만 스스로 사람 말을 배울 능력은 없으므로 투자자가 회계어를 배워야 한다. 즉, 회계 공부는 외국어 공부와 같다.

외국어를 공부할 때 문법만 이해하고 단어를 암기하지 않으면 쓸 수 있는 문장이 없다. 반대로 단어만 많이 암기하고 문법을 이해하지 못하면 쓰는 문장마다 비문이 된다. 어느 쪽이든 외국인과 원활한 의사소통은 불가능하다.

내 불어 공부를 예로 들어보겠다. 불어는 같은 품사의 단어들도 남성형과 여성형으로 성별이 나뉘어있다. 문법은 시제만 15개에 불규칙 동사도 패턴이 없는 단어가 많다. 중급 불어 수업의 유일한 동양인이라 한국인의 체면이 걸렸다는 생각에 불어 사전을 끼고 살았다. 시험 범위의 교과서와 부교재를 통째로 암기해 1등을 했다. 지금 생각해보면 별 비중도 없는 고등학교 제2외국어를 왜 그렇게 미련하고 악착같이 공부했는지 한숨만 나온다.

문제는 그렇게 열심히 공부했는데 기억나는 건 "J'ai faim(배고파)"과 "J'ai soif(목말라)" 두 문장이 전부라는 점이다. 실력 올리는 데 왕도가 없고 배울 때는 한 세월인데 안 쓰면 쉽게 까먹는다는 점에서 회계어 공부는 외국어 공부와 정확히 같다. 컴퓨터의 언어로 컴퓨터와 대화하는 코딩도 안 쓰면 또 "Hello, world"부터 시작하게 된다.

외국어와 똑같은 회계어 역시 마찬가지다. 회계는 기초부터 정석적으로 정확히 공부한 후 직접 엑셀이나 재무계산기를 자주 써보며 익숙해져야 한다. 회계어 공부가 외국어 공부와 똑같다는 점을 인지한다면 공부법 역시 명확하게 알 수 있을 것이다. 외국어 공부 방식 그대로 하면 된다. 외국어 공부는 문장을 구성하는 단어를 암기하고, 문장의 규칙인 문법을 이해하고 암기한 후, 꾸준한 독해와 작문 연습을 통해 문형에 익숙해져야 한다.

회계어 공부는 재무제표를 구성하는 용어를 암기하고, 재무제표의 규칙인 회계의 원리와 부기 방식을 이해하고 재무 공식을 암기한 후, 계속 실제 재무제표를 놓고 재무계산기나 엑셀로 직접 계산해보며 현금흐름에 익숙해져야 한다. 프로그래밍 언어도 책만 봐서는 남는 게 없고 직접 코드를 짜며 밤새도록 버그와 싸워봐야 손에 익지 않던가. 외국어든, 회계어든, 프로그래밍 언어든 언어는 배운 걸 계속 써야 늘고 안 쓰면 까먹는다.

그러나 통·번역translation; interpretation과 이해understanding 내지 해석analysis은 같은 뜻이 아니다. 한국인이라고 수능 비문학을 다 맞는 게 아닌 것처럼 언어를 아는 것과 해당 언어로 쓰인 내용을 이해하는 건 별개의 문제다. 회계는 기업분석의 시작이지 끝이 아니라는 말이다. 회계 공부를 통해 재무제표를 읽어내는 건 기업이 하는 말을 알아듣는 단순 통·번역의 수준이다.

기본적 분석은 기업이 하는 말을 알아듣는 단순 통·번역 수준에서 그치면 안 된다. 기업이 전하는 말에 담긴 내용을 이해하고 해석해 기업의 전후 사정을 파악해야 한다. 그러려면 재무제표를 구성하는 대차대조표balance sheet·손익계산서income statement·현금흐름표cash flow statement의 내용을 유기적으로 분석해 기업의 상태를 통시해야 한다.

이를 위해서는 회계 공부를 통한 기업의 재무 상태 분석뿐만 아니라 해당 기업이 속한 업종의 특징, 해당 업종의 현재 상태와 전망, 동일 업종 내 경쟁사 대비 비교 우위 등 투자를 고려하는 기업과 산업에 대한 총체적인 조사와 분석이 필요하다.

위 모든 과정을 갖춘 기본적 분석만이 제대로 된 기업분석이다. 그리고 제대로 된 기업분석이 뒷받침되는 투자만이 숫자를 통해 기업의 이야기를 찾고 이를 정확히 이해하는 진정한 가치투자다.

3장-04에서 데이 트레이더가 챙겨야 할 정보가 얼마나 많은지 간략히 서술했다. 그러나 위 설명에서 보이듯 가치투자자 역시 공부를 쉴 수가 없다. 미국 투자은행 평균 근무시간이 주당 80시간 이상으로 악명 높은 이유가 있다. 내게 가장 기억에 남는 프로젝트는 A 사모펀드가 진행하던 4천억 원 규모 인수합병의 타당성 조사다. 실사의 모델링 대부분을 담당했던 나는 새벽 3시 전에 퇴근한 적이 없다.

가치평가 추천 도서는 기업·산업·경제 중 기업에만 초점을 맞춰 재무회계와 가치투자 두 분야를 초급·중급·고급으로 나눴다 (217~220쪽). 4장-04에서 추천한 공통 필독서는 제외했고 산업과 경제는 237쪽에서 소개할 리서치 관련 추천 도서와 165쪽에서 추천한 경제·금융 기초 개념 추천 도서를 참조하면 된다.

기업과 가치평가의 본질을 상기해보라. 기본적으로 기업의 목적은 영리 추구며 가치평가의 목적은 기업의 현금흐름 창출 능력 평가다. 기업의 가치평가는 영업이익과 현금흐름이 핵심이며 이 두 지표를 정확히 파악하려면 재무제표 중에서도 특히 현금흐름표 분석이 중요하다. 추천 도서를 읽을 때 이를 염두에 두면 가치투자의 원리와 철학을 더욱 정확히 이해할 수 있을 것이다. 물론 대차대조표와 손익계산서 역시 매우 중요하고 반드시 분석해야 한다.

재무회계 추천 도서는 다 읽기보단 같은 난이도의 책 중 자신에게 필요하거나 잘 맞는 책들만 골라서 이를 깊이 공부하기를 바란다. 난도는 책을 제대로 이해하는 데 필요한 배경지식이 많을수록 고난도로 평가했다. 내 주관적 판단이므로 이견이 있을 수 있다. 특히 중급과 고급의 난이도를 명확하게 가르기 어려운 책들이 많았다. 그러니 내 분류 기준에 지레 겁먹지 말고 직접 읽어보고 판단하기를 바란다.

  객관적으로 봐도 자신의 지적 호기심이 높고 끈기가 강하며 머리가 좋다면 기본적 분석은 재무회계에서는 『기업가치평가 *Valuation*』, 가치투자에서는 『증권분석*Securities Analysis*』 딱 두 권만 읽으면 된다. 일반 독자의 경우 내가 추천하는 난도 순으로 먼저 읽고 위 두 권은 가장 마지막에 읽기를 권한다. 난도별로 추천한 책들을 웬만큼 다 읽었으면 아예 안 읽어도 된다. 둘 다 대중서보다는 전문서에 가깝다. 어느 기준으로 봐도 쉽지 않은 책들이다.

재무회계 추천 도서(초급)

『돈의 흐름이 보이는 회계 이야기』

『현명한 초보 투자자知ってそうで知らなかったほんとうの株のしくみ』

『주식 가치평가를 위한 작은 책The Little Book of Valuation』

『하마터면 회계를 모르고 일할 뻔했다!』

『존 트레이시 재무제표 읽는 법How to Read a Financial Report』

『1초 만에 재무제표 읽는 법 기본편1秒! で財務諸表を讀む方法』*

재무회계 추천 도서(중급)

『이것이 실전 회계다』

『재무제표 모르면 주식투자 절대로 하지마라』

『박 회계사의 재무제표 분석법』

『박 회계사의 완벽한 재무제표 활용법』

『박 회계사의 사업보고서 분석법』

『박 회계사의 재무제표로 보는 업종별 투자전략』

『워렌 버핏처럼 재무제표 읽는 법』

『New 워런 버핏처럼 적정주가 구하는 법』

---

*   실전편과 사례편은 비추천한다.

재무회계 추천 도서(고급)

『대한민국 주식투자자를 위한 완벽한 재무제표 읽기』

『재무제표 행간을 읽어라』

『영업보고서로 보는 좋은회사 나쁜회사』

『재무제표를 알면 오르는 주식이 보인다』

『회계는 필요 없다 *The End of Accounting*』

『투자은행의 눈으로 보라』『투자은행과 사모펀드』

『기업가치란 무엇인가 Value』

『기업가치평가 *Valuation*』(McKinsey & Company 지음)

가치투자 추천 도서(초급)

『한국형 가치투자 전략』

『불황에도 승리하는 사와카미 투자법あなたも*長期投資家*になろう!』

『이채원의 가치투자』

『가치투자의 거장들*The Financial Times Guide to Value Investing*』

『가치투자를 말한다*Value Investing with the Masters*』

『존 템플턴의 가치 투자 전략*Investing the Templeton Way*』

『모든 주식을 소유하라*The Little Book of Common Sense Investing*』

가치투자 추천 도서(중급)

『작지만 강한 기업에 투자하라*A Zebra in Lion Country*』

『위대한 기업에 투자하라*Common Stocks and Uncommon Profits*』

『보수적인 투자자는 마음이 편하다*Conservative Investors Sleep Well*』

『가치투자의 비밀*The Little Book of Value Investing*』

『투자의 전설 앤서니 볼턴*Investing against the Tide*』

『슈퍼 스톡스*Super Stocks*』『켄 피셔, 투자의 재구성*Debunkery*』**

『패자의 게임에서 승자가 되는 법*Winning the Loser's Game*』

『안전마진*There's Always Something to Do*』***

『투자의 가치』

『100배 주식*Hundred Baggers*』

**   우리나라에서 절판이다. 가능하다면 중고 책 또는 원서로 읽어볼 것을 추천하지만 강권할 정도는 아니다.

***   번역본은 전자책만 공식 유통되고 있다. 중고 서점에서 구하기도 어렵다.

가치투자 추천 도서(고급)

『워런 버핏 바이블Warren Buffet on Business』

『워런 버핏의 주주 서한The Essays of Warren Buffett』

『가치투자, 주식황제 존 네프처럼 하라John Neff on Investing』

『빅 머니 씽크 스몰Big Money Thinks Small』

『데이비드 드레먼의 역발상 투자Contrarian Investment Strategies』

『켄 피셔 역발상 주식 투자Beat the Crowd』

『주식에 장기투자하라Stocks for the Long Run』

『줄루 주식투자법The Zulu Principle』

『워런 버핏식 현금주의 투자 전략』

『순환 장세의 주도주를 잡아라Style Investing』

『하워드 막스 투자와 마켓 사이클의 법칙Mastering the Market Cycle』

『적극적 가치투자Active Value Investing』

『투자를 어떻게 할 것인가The Dhando Investor』

『목숨을 걸고 투자하라The Battle for Investment Survival』

『집중투자Concentrated Investing』

『초과수익 바이블Excess Returns』

『주식시장의 보물찾기You Can Be a Stock Market Genius』

『증권분석Securities Analysis』(6판)

08
계량분석 설명과 추천 도서

계량분석은 차트 분석과 가치평가 사이 어디쯤 위치한다. 기업의 재무제표와 경제의 거시 지표들을 기준으로 삼는다는 점에서 차트 매매라고 부르기는 부적절하고, 의사 결정을 수치로 관측되는 지표에만 의존한다는 점에서 가치투자라고 부르기도 부적절하다.

앞서 "차트 매매든 가치투자든 일정 수준을 넘어서면 숫자를 통해 이야기를 발굴하고 해석한다"라고 했다. 그러나 계량투자는 숫자 이면의 이야기를 추구하지 않는다. 표면적으로 드러나는 숫자 자체가 곧 이야기고 이에 따라 기계적으로 매매한다. 계량투자가 전통적인 차트 매매나 가치투자와 다른 점이다. 간단한 매매 원칙만으로 쉽게 투자할 수 있다는 게 계량투자의 가장 큰 장점이다.

계량투자에는 여러 종류가 있다. 자산배분 투자asset allocation investing가 가장 대표적이고 기술적 분석에 기반을 두는 기법은 모멘텀 투자momentum investing, 기본적 분석에 기반을 두는 기법은 배당주 투자를 꼽을 만하다. 투자를 숫자에서 이야기를 읽어내는 수준까지 제대로 공부할 여건이 못 되거나 자신이 없는 투자자라면 계량투자가 제일 적합하다. 주린이에게도 첫 실전 투자는 계량투자로 시작하는 걸 추천한다.

단, 제대로 된 계량투자를 하려면 어느 정도의 프로그래밍 지식이 필요하다는 점을 염두에 둬야 한다. 표면적인 숫자가 곧 이야기인 계량투자는 전적으로 수치 자료에만 의존해 투자 결정을 내린다. 따라서 어떤 요인factor이 수익률에 어느 정도의 수치적 영향을 끼치는지 정확히 알아야 하고 그러려면 백테스트를 통해 각 요인이 갖는 상관관계를 분석해야 한다. 이를 위해서는 파이썬이나 R을 어느 정도 다룰 줄 아는 게 최선이며 아무리 최소한으로 잡아도 엑셀은 능숙하게 다룰 수 있어야 한다.

흔히 빅데이터 시대라고 하는 요즘은 대량의 자료 분석 능력만큼이나 코딩 능력도 중요하다. 코딩 지식이 없으면 자료 분석은커녕 원시 자료의 수집조차 불가능하기 때문이다. 데이터 분석에 필요한 코딩을 할 줄 알아야 추천 도서를 이해할 수 있는 건 아니지만 추천 도서에서 알려주는 기법들은 전부 코딩을 할 줄 알아야 제대로 활용할 수 있다. 남이 불러주는 공식만 사용해 투자할 게 아니라면 말이다.

계량투자는 기본적으로 읽어두면 좋은 책(224쪽), 상대적으로 이해하기 쉬운 우리나라 책(225쪽), 기본적인 개념은 이미 익숙한 계량투자자들을 위한 외국 책(225쪽)으로 나눠서 추천한다. 엑셀을 다루는 것조차 자신이 없는 경우 『치과의사 피트씨의 똑똑한 배당주 투자』를 참조하면 많은 도움을 받을 것으로 기대한다.

위 경우 개인적으로는 프로그래밍 지식이 필요 없는 지수·산업 인덱스펀드에 적당한 비율로 분산투자하거나 증권사의 주식혼합형 또는 채권혼합형 펀드에 가입하는 것을 추천한다. 전문가의 권위를 존중하자.

계량투자 추천 도서(공통)

『주식시장을 이기는 작은 책 *The Little Book that Beats the Market*』

『리스크 *Risk*』

『신호와 소음 *The Signal and the Noise*』

『월스트리트 퀀트투자의 법칙』

『현명한 투자자의 지표 분석법』

『현명한 자산배분 투자자 *The Intelligent Asset Allocator*』

『랜덤워크 투자수업 *A Random Walk Down Wall Street*』

『문병로 교수의 메트릭 스튜디오』

계량투자 추천 도서(국내)

『주식투자 리스타트』

『치과의사 피트씨의 똑똑한 배당주 투자』

『할 수 있다! 퀀트 투자』『실전 퀀트투자』

『대한민국 주식투자 계량가치투자 포트폴리오』

『스마트 베타』*

계량투자 추천 도서(외국)

『자신만의 방식으로 투자하라*Trade Your Way to Financial Freedom*』**

『퀀트로 가치투자하라*Quantitative Value*』

『퀀트 모멘텀 투자 기법*Quantitative Momentum*』

『듀얼 모멘텀 투자 전략*Dual Momentum Investing*』***

---

*   해당 목록 도서 중 제일 얇지만 통계학과 코딩—R을 주로 사용—지식은 제일 많이
필요하다. 현재 전자책으로만 유통되고 있다.

**   번역본은 현재 전자책으로만 유통되고 있다.

***   번역본은 현재 전자책으로만 유통되고 있다.

09
리서치 설명과 추천 도서

"이 종목 왜 오르는(내리는) 건가요? 무슨 호재(악재)가 있나요?"

지인들과 주린이들에게 자주 들은 질문들이다. 보통은 이에 대한 답으로 눈에 보이는 현상을 지목한다. "실적이 좋아서", "업황이 좋아서", "장래가 유망해서", "증시에서 가장 인기 있는 테마라서" 등…. 위와 같은 답은 전부 투자자의 기대치를 설명하는 예시다. 그러나 주가에 영향을 끼치는 요인은 한둘이 아니다.

주가는 기업가치와 기업에 대한 투자자들의 기대치를 합한 값이다. 기대치는 여러 요인으로 구성돼있다. 정확하게 뭐가 핵심 원인인지는 알기 어렵다. 그러나 본질만 따져보면 주가의 결정 원리는 간단하다. 매수 우위면 상승하고 매도 우위면 하락한다. 한층 더 깊게 따져보면 수요량 우위면 상승하고 공급량 우위면 하락한다.

시장에서 주가에 영향을 끼치는 요인을 흔히 '재료'라고 부른다. 현재 상황과 미래 전망이 주가의 상승과 하락을 이끄는 재료로 사용되는 건 맞다. 하지만 재료는 주가의 방향을 이끄는 수단 또는 주가의 움직임을 촉진하는 촉매지 주가가 움직이는 원인은 아니다. 재료는 매수'세' 또는 매도'세'가 더 강한 원인이지만 주가의 상승 또는 하락에 대한 원인은 아니다.

재료를 통해 매수 또는 매도 판단을 결정하고 이에 따라 매수세 우위 또는 매도세 우위가 결정된다면 재료가 주가의 상승 또는 하락에 대한 이유인 게 맞지 않냐고 생각할 수 있다. 대개 그런 경향을 보이지만 항상 그렇지는 않다. 재료는 방향성이 거의 다 정해진 주가의 움직임을 가속하는 촉매지만 방향성 자체의 결정 요인은 아니다. 재료가 방향성까지 결정하는 종목들을 테마주라고 부른다. 말 그대로 재료 하나에 가격이 춤을 추는 투기 종목이다.

즉, 재료는 주가의 변동 폭을 결정하는 요인이지만 변동 자체를 결정하지는 않는다. 스칼라scalar 결정 요인이지만 벡터vector 결정 요인은 아닌 셈이다. 조금—경제학 원론—이론적으로 설명하자면 가격의 변화가 수요량quantity demanded과 공급량quantity supplied을 변화시켜 균형 상태는 움직여도moving along the curve 수요곡선demand curve 또는 공급곡선supply curve 자체를 움직이는shifting the curve 않는다는 것과 같은 맥락으로 이해하면 된다.

재료라는 표현을 쓴 김에 요리로 비유를 들어보겠다. 똑같은 재료를 사용하더라도 조리 방식에 따라 전기 통닭이 될 수도, 후

라이드가 될 수도, 찜닭이 될 수도, 백숙이 될 수도 있다. 조리 방식이 똑같아도 불의 세기나 물의 양에 따라 전골이 될 수도, 국이 될 수도, 탕이 될 수도 있다. 또한 같은 요리더라도 간의 세기가 다를 수 있다.

재료가 요리돼 음식이 되는 건 맞지만 같은 재료를 사용하더라도 조리 방식 등 여러 이유에 따라 전혀 다른 음식이 나올 수 있다. 증권시장에서 받아들이는 재료의 해석도 이와 같다. 같은 재료도 호재가 될 수도 악재가 될 수도 있고, 재료에 따른 주가의 변동 폭 역시 클 수도 작을 수도 있다.

2020년 3~4월은 전통적인 방식의 투자를 해오던—혹은 오랜 투자 경험이 있는—투자자들이 큰 당혹감을 겪은 시기였다. 평소 악재라고 여겨지던, 실제로도 악재인 지표들이 오히려 주가 상승을 견인하기도 했고 되레 호재인 사건들은 별 힘을 못 쓰기도 했으며 온갖 지표에서 '선반영'이 난무했다.

"10년 이상 보유할 주식이 아니면 10분도 보유하지 말라"라던 워런 버핏조차 항공주 매수 후 한 달 만에 "내 판단이 틀렸다"라며 수천 억에서 수조 원으로 추산되는 손실을 감수하고 항공주 전량을 손절매하기도 했다.[31]

2020년 상반기는 특히 비정상적이었지만 이처럼 예외적인 시

---

[31] "항공주 '손절'한 워런버핏, 얼마나 손해봤을까" (한국경제, 2020년 5월 3일)

기가 아닐 때도 마찬가지다. 재무제표가 좋아도 주가는 꿈쩍하지 않을 수 있고 재무제표는 별것 없는데 주가가 폭등할 수 있다. 재무제표가 좋아짐에 따라 주가가 동반 상승할 수도 있고 재무제표에는 별 변화가 없는데 주가가 갑자기 날아갈 수도 있다. 같은 내용의 공시도 때에 따라 호재가 되기도 악재가 되기도 한다. 그래서 기업과 달리 주식에는 '소외주', '과열주', '주도주', '세력주', '테마주' 등의 꼬리표가 붙는다.

근본적으로 차트도 재무제표도 각각 '추세의 관성'과 '기업가치로의 회귀'라는 믿음을 공유하는 동일한 신앙공동체 내에서만 통용되는 재료다. 이 믿음을 시장이 받아들여 주느냐는 별개의 문제고 시장이 해당 믿음에 당위성을 부여할 때만 재료는 주가의 상승 또는 하락을 촉진하는 힘을 갖게 된다. 기법들의 우열을 가리거나 투자와 투기로 구분하려 드는 것은 합리적이지도 않고 무의미하니 투자의 본질에만 집중하라고 거듭 강조하는 이유다. 차트 매매와 가치투자 둘 다 나름의 장단이 있으니 자신에게 더 잘 맞는 방법을 택하면 그뿐이다.

그러나 차티스트든 가치투자자든 앞서 설명한 것처럼 어느 쪽이든 공부할 양이 만만치 않고 실전 투자에 앞서 자료 조사는 필수적이다. 모든 자료 조사는 경제 신문 읽기에서 시작한다. 따라서 본 소단원의 추천 도서(237쪽) 역시 앞서 추천한 도서들을 통해 경제 신문 독해에 익숙해진 후 읽어야 더 도움이 된다. 경제 신문과 국내외 주요 증시 지수는 매일 읽고 확인해야 한다.

경제 신문 외에 조사해야 할 자료들은 238쪽에 정리해두었다. 전업투자자와 금융권 취업을 희망하는 대학생들이 면접을 대비해 알아야 할 수준을 기준으로 정리했다. 해당 목록은 기업·산업·경제와 관련된 순으로 나열돼있으며 전업이나 금융권에 관심 없는 개인투자자라면 자신이 투자한 종목과 관련해 필요한 부분만 살피면 된다.

본론으로 돌아와서, 시장의 관심이 어디로 쏠리는지 보여주는 경제 신문을 통해 얻는 정보는 두 가지 방식으로 활용할 수 있다.

① 시장이 가리키는 방향에 순행하는 투자

경제 신문은 사람들이, 사회가, 나라가 어디에 관심을 쏟고 있는지 실시간으로 보여주는 척도다. 시장의 긍정적 관심이 쏠리는 산업과 기업에 돈이 몰리고 주가는 매수세 우위일 때 상승하므로 경제 신문을 통해 잠재적인 매매 종목과 투자 분야를 좁힐 수 있다. 내 사견으로 이 방식은 전통적인 가치투자보다는 "시장의 중심에서 매매하라"라고 강조하는 차트 매매나 모멘텀 투자를 할 때 더 적합한 방식이다. 보다 장기적 시계열로 투자한다면—내가 애용하는 방식이기도 하다—포지션 매매나 탑다운 투자에서 사용할 수 있다.

② 시장이 가리키는 방향에 역행하는 투자

가끔 오해하는 사람들이 있는데 이 말은 무작정 시장이 가리키는 방향과 반대로 가라는 뜻이 아니다. "시장을 이기려 들지 마라"라는 증시 격언이나 "투자자는 종종 틀리지만 시장은 항상 옳다"라는 제시 리버모어의 잠언은 비단 차티스트에게만 필요한 교훈이 아니다. 자산배분 투자 기법의 근간인 포트폴리오 이론Modern Portfolio Theory[32]을 통해서도 "장이 무너지면 다 무너진다"라는 말이 실제로 참임을 수리적으로 증명할 수 있다. 시장이 가리키는 방향과 반대를 보는 경우는 크게 넷이다.

(1) 유명한 증시 격언 중 하나인 "소문에 사서 뉴스에 파는" 매매다. 이 격언은 정보의 유용성에서 기인한다. 공개된 경로로 일반 개인투자자한테까지 전달된 정보면 기업의 경영진, 해당 기업에서 일하는 직장인, 해당 기업의 거래처 등 직접적 이해관계자, 해당 기업을 감사하는 회계사, 해당 기업에 투자한—특히 경영에 직접 참여하는 사모펀드의 경우—기관투자자, 정부 기관 등 이미 수많은 시장 참가자들에게 다 유통되고 소모된 정보이므로 '새로운 정보'로서의 가치가 없다는 것이다.

---

[32] 노벨 경제학상 수상자인 캘리포니아주립대 샌디에이고 캠퍼스UCSD 마코비츠Harry Markowitz 교수가 창시한 이론이다. 투자론 수업에서 기본적으로 가르치는 자본자산결정모형CAPM도 포트폴리오 이론에서 파생됐다.

경제학에서는 새로운 정보가 시장에 완전히 전파되는 데 걸리는 시간을 20초 이하라고 본다. 구체적인 시간은 이를 설명하는 논문마다 조금씩 다르지만 어쨌든 모든 '새로운 정보'는 시장에 공개된 지 얼마 지나지 않아 '이미 모두가 다 아는 정보'가 된다는 점은 학계의 이론가들과 현장의 전문가들 모두 동의하는 바다.[33]

일반적으로 기업가치 대비 저평가된 주가 또는 과매도 구간일 때 주식을 매수한 가치투자자·모멘텀 투자자·계량투자자·포지션 트레이더들이 언론을 통해 공개되는 호재로 주가가 상승할 때 보유 물량을 정리한다. 가치투자자 중에서는 자신이 계산한 내재 가치에 못 미치더라도 뉴스에 엮이면 보유 포지션을 전량 청산하는 투자자도 더러 있다. 기업가치가 아닌 외부 요소에 심하게 휘둘리는 종목이 돼서 정상적인 가치평가가 어렵다는 이유다.

(2) 많은 투자 전문가들이 주린이들에게 권유하는 '적립식 투

---

[33] 여기서 "가격은 상품에 대해 얻을 수 있는 모든 정보all available information와 이에 대한 합리적 기대를 이미 다 반영하고 있다"라는 효율적 시장가설Efficient Market Hypothesis 이론이 파생됐다. 노벨 경제학상 수상자인 시카고대University of Chicago 파마Eugene Fama 교수가 제시한 개념으로, 다트머스대Dartmouth College 프렌치 Kenneth French 교수와 함께 효율적 시장가설을 보완하고 발전시킨 파마-프렌치 모형 Fama-French Model을 개발했다. 현대 투자론에서 매우 큰 비중을 차지하는 이론이며 실제 기관투자자들의 시장분석에도 널리 사용되고 있다.

자'다. 시장이 흥하든 망하든 기계적으로 매월 일정 금액을 꾸준히 주식에 넣는 방법이다. 적립식 투자는 30~40년 후를 보고 노후 자금 등을 위해 초장기 시계열로 투자한다. 투자 대상은 코스피200이나 코스닥150에 들어가는 고배당주와 대형 우량주 또는 지수 전체에 투자하는 인덱스펀드다.

자산배분 투자도 엄두가 안 날 정도로 직접 투자할 계획이나 시간이 없다면 가장 적합한 방식이다. 공격적 투자 성향인 나는 안 하지만 적립식 투자—특히 인덱스펀드—는 매우 훌륭한 방식이라고 본다. 대부분의 개인투자자에게는 오히려 가장 적합한 방식일 수도 있다.

(3) 역발상 투자contrarian investing라고 부르는 고난도 투자법이다. "소문에 사서 뉴스에 파는" 첫 번째 경우가 대개 상승세의 역행이라면 마찬가지로 유명 격언인 "공포를 사서 탐욕에 파는" 역발상 투자는 대개 하락세의 역행이다.

일시적으로 대중의 관심에서 멀어진 소외주 투자, 현재는 적자지만 실적 개선이 기대되는 턴어라운드주 투자, 대세 하락장일 때 롱 포지션을 잡는 투자 등의 역발상 투자는 절대적으로 가치투자자들의 영역이다. 역발상 투자자들은 기업의 실적과 산업 동향을 철저히 분석해 정확한 내재 가치를 추산한 후에 투자한다. 차티스트라면 "시장을 이기려 들지 마라", "추세에 역행하지 마라", "떨어지는 칼날을 잡지 마라" 등 흐름에 맞서 말라는 수많은 단타 격언을 반드시 명심하고 절대 하지 말아야 할 매매다. 합리적인 투자철학과 깊은 가치평가 공부 없이 시장에 역행하는 매매는 역발상 투자가 아니라 투기다. 떨어지는 칼날을 맞은 후 오랜 기도매매 끝에 결국 증권시장에서 퇴출당하는 투기꾼이 많다.

참고로 롱으로 수익 내는 것보다 숏으로 수익 내는 게 훨씬 어렵다. 롱만 사용해 수익을 못 내는 투자자는 절대 롱·숏 전략으로 수익을 낼 수 없다. 죽더라도 롱을 잡고 매수 우위로 죽어야 한다. 숏 잡고 매도 우위로 죽으면 진짜 답이 없다. 다소 피상적으로 느껴질 수 있는 이 설명이 무슨 뜻인지 정확히 이해하기 위해 직접 경험을 시도해보는 독자는 없기를 바란다. 직접적인 예시를 들자면 풋옵션이나 '인버스×2' 상품은 되도록 건들지 말라는 말이다.

(4) 극단적으로 기업가치만 보는 하드코어 가치투자자들의 투자다. 이들의 롤 모델은 대개 벤저민 그레이엄 또는 "시장이 아닌 기업에 집중"하라고 강조하는 워런 버핏이다. "증권시장

을 너무 가까이하지 말라"라는 워런 버핏 스스로도 안 지키는 말[34]을 금과옥조 삼아 증권시장의 폭락이나 경제의 붕괴에 개의치 않고 기업가치 대비 저평가 주식이라면 우직하게 매수 후 보유한다.

"삼성전자 같은 우량주를 사서 20년간 보유하라"라고 했다가 "20년 전 우량주였던 포스코와 한국전력은 지금 1/n 토막 났다"라는 반박에는 "시장 환경이 달라졌는데 그걸 왜 아직 보유하고 있나. 우리 회사는 이미 매도했다"라고 대꾸한 모 증권사 대표의 주장을 신봉하는 투자자들이 마지막 경우에 속하는 것 같다.

나는 저게 대체 무슨 말인지 해석도 안 되지만 투자의 결정과 책임은 투자자 자신에게 있고 자기 스타일에 맞는 기법이 제일 좋은 기법이므로 존중하겠다. 시간과 투자금이 넘치는 투자자가 아니라면 투자는 항상 기회비용, 특히 암묵적 비용을 잘 따져봐야 한다는 점만 알린다.

---

[34] 워런 버핏은 "파생상품은 금융계의 대량 살상 무기"라고 말하기도 했다. 그러나 그의 시장지수연동 파생상품 매매는 우리나라 언론에 소개된 사례만 따져도 한둘이 아니다. 대표적인 몇 가지만 적어본다.
"워런 버핏, S&P 500 풋옵션으로 6천만달러 챙겨" (연합뉴스, 2002년 6월 4일)
"버핏, 주가지수옵션 140억불 베팅" (머니투데이, 2006년 4월 3일)
"위기 못피한 버핏 … 연례서한서 무슨말 할까" (이데일리, 2009년 2월 27일)
"파생상품 덫에 걸린 버핏" (한국경제, 2011년 11월 6일)

차트든 재무제표든 결국 재료에 불과하다. 주식 종목이 총알이라면 차트와 재무제표는 화약이다. 쌓인 화약이 많을수록, 화약의 질이 좋을수록 화력이 세지듯 차트와 재무제표로 드러나는 재료가 많을수록 주가는 강하게 쏘아진다. 재료가 호재면 하늘을 찢고 날아가고 재료가 악재면 땅을 뚫고 처박힌다. 그리고 탄도에 추진력을 더하는 촉매 역할의 재료가 호재인지 악재인지는 시장이 결정한다. 시장의 판단에 따라 총구의 방향과 이에 따른 탄도의 궤적이 정해지는 것이다.

기술적 분석과 기본적 분석이 장약에 쟁여진 화약의 양과 질을 분석하는 도구라면 리서치는 격발된 총알이 어느 방향으로 얼마나 멀리 날아갈지를 분석하는 도구다.

리서치 추천 도서

『더 좋은 주식의 발견 *The Investment Checklist*』

『애널리스트에게 배우는 리서치 교과서 *アナリストが教えるリサ-チの教科書*』

『주식 고수들만 아는 애널리스트 리포트 200% 활용법』

『워렌 버핏처럼 사업보고서 읽는 법』

『전자공시 100% 활용법』

경제 신문 외 조사해야 할 자료들*(전업투자자와 금융권 취업준비생 기준)

① 비정기공시, 사업보고서

② 증권사 기업 보고서

③ 업황 지표, 정부 발표(e.g. 계획안·시행령·정책 등)

④ 주요 경제국 환율**

⑤ 금리***

⑥ 원자재****

⑦ 금융시장 과열도*****

⑧ 거시 경제 지표(e.g. CPI·PMI·BDI 등)******

⑨ 국내외 중앙은행 발표*******

⑩ 자산운용사와 투자은행 장기전망 보고서(i.e. 백서_white paper_)

| * | 각 지표의 의미와 해석은 4장-06의 경제·금융 기초 개념 추천 도서, 4장-07의 재무회계 추천 도서, 본 소단원의 리서치 추천 도서를 참조하면 된다. |

* 각 지표의 의미와 해석은 4장-06의 경제·금융 기초 개념 추천 도서, 4장-07의 재무회계 추천 도서, 본 소단원의 리서치 추천 도서를 참조하면 된다.

** 달러화·엔화·파운드화·유로화·위안화 대비 원화 환율과 달러화 대비 각 통화의 교차 환율cross rate을 봐야 한다.

*** 미국 국채 3개월물·6개월물·2년물(·3년물)·20년물(·30년물), LIBOR-OIS 스프레드, TED 스프레드, 하이일드High Yield Bond 스프레드를 봐야 한다.

**** 금·원유WTI·구리 정도만 보면 충분하다.

***** 변동성지수와 공포·탐욕지수를 주 지표로, ⑤의 금리 스프레드를 보조 지표로 보면 좋다.

****** CPI: 소비자물가지수, PMI: 구매자관리지수, BDI: 발틱 건화물시황운임(i.e. 해운물동량)지수

******* 한은 금통위회의·연준 FOMC 회의·유럽중앙은행ECB 통화정책회의 셋은 반드시 확인해야 한다.

10
파생상품 설명과 추천 도서

    파생상품 거래에 호기심을 보이는 개인투자자를 많이 본다. 고민 끝에 242쪽에 추천 도서는 적어두겠다. 이 책들을 읽으며 수익률에 현혹되지 말고 파생상품이 왜 개인투자자가 함부로 다루기 어려운 영역인지, 그리고 왜 내가 거듭 만류하는지를 이해하기를 바란다.

    파생상품 시장은 움직이는 자금의 규모가 크고 가격의 변동성이 급격해 소위 '큰손' 또는 '메이저'들의 놀이터라 불린다. 한국인 특유의 '빨리빨리' 민족적 기질 때문인지 우리나라 파생상품 시장은 오랜 기간 전 세계 1위 규모에 달했다.

    우리나라 파생상품 시장은 연이은 규제로 현재는 그 위상(?)이 많이 추락(?)했지만 여전히 세계 최고 수준의 규모를 지닌 시장 중 하나다. 특히 우리나라 선물시장과 옵션시장의 만기일이 겹치는 쿼드러플위칭데이Quadruple Witching Day[35]는 전 세계 파생상품 거래자들이 죄다 몰려오는 축제 수준이다.

증거금과 변동성 규모가 너무 큰 탓에 파생상품만 거래하는 개인투자자는 찾아보기 힘들다. 파생상품을 거래하는 개인투자자도 대개 제도권의 퀀트나 트레이더 출신들이다. 제도권 출신이라고 해도 헤지hedge를 위해 또는 용돈 벌이 삼아 몇 계약을 매매하는 수준이지 투자금 전체를 파생상품 거래에 몰방하는 개인투자자는 극히 드물다. 선물시장 초창기 시절 파생상품 거래로 재미를 본 모 그룹 C 회장이 수백억 원을 날린 건 유명한 일화다.

파생상품을 잘 아는 전공자나 전문가일수록 개인투자자로서 파생상품을 일정 비중 이상 매매하는 걸 꺼린다. 오히려 기초적인 금융과 경제 지식도 부족한 주린이들이 정체도 불분명한 사설 업체—대여 계좌를 이용한 거래는 전부 불법이다—를 찾아가면서까지 파생상품 시장에 뛰어든다.

파생상품은 아홉 번의 매매에 성공하더라도 단 한 번의 매매 실패로 나락까지 떨어질 수 있다. 오죽하면 "주식투자 하다 망하면 깡통이 남지만 파생매매 하다 망하면 먼지만 남는다"라는 말

---

[35] 네 종류의 파생상품—주가지수 옵션·주가지수 선물·개별주식 옵션·개별주식 선물—만기일이 겹치는 날이다. 우리나라는 3·6·9·12월의 둘째 주 목요일, 미국은 3·6·9·12월의 셋째 주 금요일이다. 일반적인 선물 만기일과 옵션 만기일에도 그렇지만, 특히 쿼드러플위칭데이 같은 동시 만기일에는 주식시장의 거래량과 변동성이 폭발한다.

까지 나올까. 나 역시 멋모르고 파생상품으로 까불다 계좌가 통째로 날아갈 뻔한 적이 있다. 이 경험담은 조금 뒤에 자세히 풀어놓겠다.

파생상품 시장을 공부하면 증권시장도 조금 더 깊게 이해할 수 있고, 특히 기술적 분석을 주로 사용하거나 사용할 예정이라면 파생상품 매매 공부가 큰 도움이 되는 건 사실이다. 내가 기술적 분석에 입문했을 때도 관련 책을 여럿 추천받았었다. 그러나 현대의 파생상품 이론은 금융학보다는 응용수학에 가깝다.[36] 따라서 파생상품은 금융적인 부분까지 제대로 이해하고 거래하기 위해서는 공부해야 할 분야도 너무 많고 그만큼 책도 많으므로 이공 계열 배경지식이 있는 주린이들을 위해 파생상품 공부에 필요한 추천 교재들만 적겠다. 242쪽의 수학 추천 도서는 다변수미적분·선형대수·미분방정식ODE·PDE·해석학·수리통계·확률미분방정식 순으로 공부하면 된다.

결론적으로 충분한 수리 지식이 없는 개인투자자들이 헤지 용도 이상의 비중으로 파생상품을 매매할 생각은 접기를 바라며 주변에 꼭 망했으면 하는 원수가 있다면 그 사람을 잘 설득해보라. "9.11 테러 때 풋옵션으로 하루에 500배 수익을 낸 사람들이 있다" 같은 말로 현혹하면 설득이 조금 더 쉬워질 것이다.

---

[36] 블랙-숄즈 모형Black-Scholes Model을 살펴보기를 권한다.

파생상품 거래 추천 도서

『천재들의 실패When Genius Failed』*

『돈을 이기는 법』

『ELW 완전정복』**

『선물옵션 투자자가 가장 알고 싶은 101가지』

『선물·옵션투자의 이론과 전략Options, Futures, and Other Derivatives』

수학 추천 도서

미적분학: 『Calculus: Early Transcendentals』(Stewart 지음),
          『Calculus』(Spivak 지음)

선형대수학: 『Linear Algebra and Its Applications』(Strang 지음)

미분방정식: 『Kreyszig 공업수학Advanced Engineering Mathematics』

해석학: 『해석학의 원리Principles of Mathematical Analysis』

수리통계학: 『수리통계학 개론Introduction to Mathematical Statistics』(Hogg 지음)

확률미분방정식: 『Stochastic Calculus for Finance I·II』,
              『The Concepts and Practice of Mathematical Finance』

---

*   역사적인 롱텀캐피털매니지먼트LTCM 파산 사건을 다룬 실화 기반 소설이다. 절판
    이지만 도서관에서 빌려서라도 반드시 읽기를 권한다.

** 절판이지만 중고 서점에서 쉽게 구할 수 있다.

"

배운 바를 생각하지 않으면 남는 게 없고,
배움 없이 생각하면 위태로움에 처한다.

"

『논어論語』 중에서

"투자의 제1원칙, 손해를 보지 말 것.
투자의 제2원칙, 제1원칙을 지킬 것."

워런 버핏 Warren Buffett

제5장

실전 투자에 앞서
숙지해야 할 사항들

Theory in Practice

01
혼돈과 광기의 한복판에서

실전 투자가 중요한 이유

많은 개인투자자—특히 차티스트—가 "투자는 책으로 배울 수 없다. 어차피 실전에서 먹히지도 않는다. 투자는 직접 매매를 해봐야 는다"라며 이론 공부가 필요 없다고 말한다. 반은 맞고 반은 틀린 말이다.

물론 논리학이나 수학처럼 완전히 추상적인 학문이 아닌 이상에야 이론이 항상 정확하게 맞을 수는 없다. 통계를 예로 들면 동일 집단 내에서도 정규분포에서 완전히 벗어난 이상치가 있고 같은 표준편차 내의 관측치도 실제 값은 조금씩 다르다.

그러나 현실 세계를 연구하는 모든 학문의 이론은 수많은 실제 사례들을 체계적으로 정리한 결과다. 현실의 모든 현상을 완벽히 설명할 수 있는 이론은 극히 드물지만 현실과 아예 동떨어진 이론은 더 드물다. 후자라면 시장 논리에 따라 금방 도태돼 사라질 수밖에 없다. 현재까지 사용되는 투자 기법이라면 다 나름의 논리성을 갖추고 있고 증권시장에서 실전성이 증명된 기법이다. 그러므로 기법의 우열을 나누지 말고 자신에게 적합한 기법 몇을 선택해 숙달될 때까지 연습하면 된다.

한쪽 날개로만 나는 새는 없다. 이론 익히는 데만 치중하면 나무를 보지 못하고 경험 쌓는 데만 치중하면 숲을 보지 못한다. 공부한 바를 진정으로 깨닫고 자신의 무기로 활용하려면 이론과 현실을 분리해서 생각하면 안 된다. 이론을 통해 현실을 조망하고 현상을 통해 이치를 깨달아야 공부한 바가 온전히 자신의 무기가 된다.

작전사령관과 야전사령관의 역할은 다르다. 그러나 둘의 중요성은 똑같다. 작전사령관 없이 전쟁을 수행할 수 없고 야전사령관 없이 전투를 수행할 수 없다. 투자 또한 마찬가지다. 이론은 전쟁에서 이기는 데 필요한 공부고 실전은 전투에서 이기는 데 필요한 경험이다. 머리 싸매고 공부해야 원리를 깨닫는 지식이 있고 직접 겪어봐야 참 의미와 중요성을 깨닫는 교훈이 있다.

이론 공부를 할 때는 실제 투자에서 어떻게 적용할지 생각하고 실전 경험을 쌓을 때는 어떤 공부의 이해가 부족한지 확인하는 방식으로 격물치지해야 한다. 생각 없이 기법만 찾으면 읽은 책의 권수가 늘어도 투자 이해도가 안 늘고 원리를 모른 채로 경험적 직관에만 의존하면 투자 경력이 늘어도 수익률이 안 는다.

운동선수는 시합을 앞두고 예정 상대의 경기 동영상을 보며 약점과 강점을 분석한다. 투자자 역시 끊임없는 공부를 통해 과거 투자 사례와 선배 투자자들의 조언에 귀 기울여야 한다. 그러나 메이저리그나 챔피언스리그 경기 수백 개를 본다고 박찬호 선수처럼 던지고 손흥민 선수처럼 찰 수 있는 게 아니듯 좋은 투자 이론을 올바른 방식으로 열심히 공부해도 실전 경험 없이는 성공적인 투자를 할 수 없다. 교과서를 열심히 읽어도 연습 문제를 안 풀어보면 응용문제와 함정 문제가 나오는 시험에서 좋은 점수를 얻을 수 없는 것과 같다.

실전 투자는 이론과 현실의 괴리를 메우는 과정이라는 점에서 중요하다. 4장-09에서 재료의 비유로 설명했듯 항상 들어맞는 경제 이론이나 모든 종목에 공통적으로 적용할 수 있는 매매 기법은 없다. 그래서 투자 공부는 정답의 가짓수가 정해져 있고 모범 답안이 존재하는 시험공부보다 훨씬 더 어렵다. 많이 공부하고 공부한 내용을 실제 투자에 적용해보며 하나씩 학습하는 수밖에 없다. 실전 투자를 어떻게 시작해야 하는지와 첫 실전 투자에서 배워야 할 점에 관해서는 2장-04에서 자세히 설명했으므로 생략한다.

그리고 이보다 더 중요한 이유가 있다. 바로 멘탈 관리다. 아무리 많이 배우고 익힌 투자자라도 정신적으로 무너지면 모든 지식이 무용하다. 그러나 멘탈 관리는 이론 공부를 통해 배우는 데 한계가 있다. 실전의 연단 과정 없이 멘탈 관리를 능숙하게 하는 건 불가능하다. 특히 2020년처럼 변동성이 심했던 장세에서 멘탈을 유지하려면 반드시 실전 경험이 필요하다.

실전 투자는 상승장보다 하락장에서 배우는 게 더 많다. 처음 투자를 시작하는 주린이라면 특히 더 그렇다. 상승장에서는 웬만하면 모든 투자자가 수익을 내기 때문이다. 수익 자체는 문제가 아니다. 처음 투자 습관이 잘못 들여지는 게 문제다. 첫 단추를 잘못 채우면 모든 단추를 다 풀고 처음부터 다시 채워야 한다.

음악과 운동을 처음 배울 때 자세가 한 번 잘못 잡히면 속칭 '쿠세'라고 부르는 잘못된 습관이 든다. 쿠세를 교정하는 게 얼마나 어렵고 오랜 시간이 걸리는지 경험해봤을 것이다. 어느 분야든 아예 아무것도 안 배운 학생보다 기초를 잘못 배운 학생이 훨씬 가르치기 어렵다. 글이나 그림을 아무리 깨끗이 지워도 종이에 흔적이 남는 것처럼 무의식에 박혀버린 잘못된 습관과 방법을 다 뽑아내고 백지상태로 되돌리기는 매우 힘들기 때문이다. 마치 문신과 같다.

제대로 된 공부 없이 실전부터 뛰어들어 구멍 난 부분만 그때그때 메우는 식으로 투자를 익히면 Why는 고사하고 How도 없이 What만으로 So What에 도달한 격이다. 문자 그대로 모래 위에 지은 집이다. 상승장이 끝나면 자신의 진짜 투자 실력이 드러나기 시작한다. 이때라도 자신이 틀렸음을 인정하고 자신의 공부가 부족함을 인지하는 투자자라면 과거 매매를 되짚어 보며 정확히 뭐가 문제인지 근본적인 원인을 찾으려 한다.

그러나 웬만하면 다 수익을 내는 강세장에서 투자를 시작한 주린이는 매매 초기에 수익을 냈던 기억만이 뇌리에 강하게 남아 있다. 자신이 틀렸을 것이라는 생각 자체를 못 한다. 장이 좋을 때 초심자의 행운으로 올린 수익이 자신의 본 실력이라고 믿게 된다.

그 결과 주린이는 자신이 투자 초기보다 승률이 떨어진 이유가 Why의 부재가 아닌 How의 부재라는 결론을 내린다. 투자철학과 매매 원칙인 Why는 추상적이고 이해하기도 어렵지만 기법인 How는 구체적이고 이해하기도 쉽기 때문이다. 무너진 집의 토대가 모래인 건 생각 않고 건축 자재가 문제라고 착각하는 격이다. 건축 자재를 끊임없이 사들이고 새로 살 때마다 이전 것보다 더 비싼 값을 주고 사지만 집은 비바람이 칠 때마다 무너진다.

상승장에서는 투자자들의 실력 편차가 정확히 구별되지 않는다. 특히 초심자의 행운에 힘입어 주린이 특유의 기세를 타고 수익을 크게 내버리면(?) 문제가 더 커진다. 수익에 비례해 경솔함과 자만심이 커지기 때문이다.

둘 다 투자자에게 가장 위협적인 적들이다. 그리고 2장-03에서 다소 익살스레 표현한 것처럼 경솔과 자만에 취한 주린이는 십중팔구 근로소득의 중요성을 무시하고 복리의 마법을 연료 삼아 행복회로를 풀가동하기 시작한다. 이 경우 대부분 몇 년 내로 깡통 계좌를 부여잡고 "주식시장은 순 도박판에 투자는 노름과 다를 게 없고 기관은 개미들 등쳐 먹는 작전 세력의 앞잡이들"이라 욕하며 증권시장을 떠난다.

"천재는 당신이 아니라 상승장이다."

존 케네스 갤브레이스John Kenneth Galbraith

투자를 한두 번 하고 끝낼 게 아니라면 정확한 방식으로 깊이 공부하지 않은 주린이가 실전 투자를 상승장에서 시작하는 건 득보다 실이 많다고 생각한다. 내가 잘한 건지 장이 좋은 건지 명확히 구분할 수가 없기 때문이다. 그 결과 기존 투자 방식의 보완점은 찾기 어려워지고 자만심과 경솔함은 쉽게 커진다. 한 번 각인된 짜릿한 경험을 머릿속에서 지우기는 쉽지 않다.

02
명경지수를 유지할 수 있는 포트폴리오

명정한 마음 상태를 흔히 명경지수明鏡止水라고 표현한다. 문자 그대로 "맑은 거울과 고요한 물"이라는 뜻으로 사념 없이 고요하고 깨끗한 마음을 가리킨다.

수익률에 제일 큰 영향을 미치는 것은 투자철학이나 매매 기법의 공부 정도가 아닌 투자자의 마음 상태다. 차트 매매든 가치 투자든 실전에서 제일 중요한 건 명경지수의 마음가짐을 지키는 것이다. 내가 실패를 경험한 첫 실전 투자 때처럼 조바심과 욕심에 사로잡히면 뻔히 보이는 위험도 보지 못하거나 간과하게 되고, 스스로 세운 매매 원칙을 어기게 되며, 그 결과 잘못된 판단을 내리게 된다.

앞서 투자철학과 매매 기법은 총에, 종잣돈은 총알에, 재료는 화약에 비유했었다. 투자자의 마음가짐, 즉 멘탈은 사수의 정신 상태에 비유할 만하다. 총알이 잔뜩 장전된 명품 총이 있어도 사수가 술에 취해 있다면 목표물을 제대로 맞힐 수 없다.

마찬가지로 투자자가 다양한 기법을 깊게 공부하고 좋은 매매 원칙을 세웠더라도 탐욕·자만·공포에 휩쓸리면 정작 실전에서 기법과 원칙을 적용하지 못한다. 모든 공부가 쓸모없어진다. 명경지수의 마음가짐을 유지하는 훈련이 그 어떤 투자철학이나 매매 기법 공부보다도 훨씬 더 중요하다.

본질적인 멘탈 관리는 사람마다 방식이 다양하다. 술이나 담배로 아예 뇌를 마비시키는 투자자들도 많고 명상이나 기도로 내면의 평화를 찾는 투자자들도 많이 봤다. 나는 매수 후 멘탈이 흔들리면 그대로 HTS를 종료하고 본업을 하거나 잠을 잔다.

멘탈을 흔들 만한 투자는 아예 시작하지 말아야 한다. 기회 비용을 제대로 계산하고 합리적 투자를 했다면 멘탈이 흔들릴 여지가 적다. 필립 피셔의 명저 『보수적인 투자자는 마음이 편하다』의 원제를 직역하면 "보수적인 투자자는 꿀잠을 잔다 Conservative Investors Sleep Well"일 정도다. 내 경우—주린이 시절을 벗어난 후—매매하다 딱 한 번 멘탈이 박살 났었다. 주식 승률이 거의 백전백승 수준으로 높아져 자만에 취한 상태로 대박과 쪽박의 이야기들이 구전설화처럼 전해지는 파생상품에 호기심이 생긴 게 문제였다.

며칠간 신중히 증시와 거시 경제를 지켜보다 만기일 전일 장 마감 즈음에 ELW에 몰방하고 오버나잇overnight을 쳤다. 다음날, 계속 수익권이 유지되는 걸 확인 후 장 마감 두어 시간을 앞두고 잠깐 화장실 다녀온 사이 -20%가 됐다. 지금이라도 손절을 할지 아니면 포지션을 유지할지 결정하기 위해 매매 근거를 재점검했다. 여러 차례 확인해봐도 오류를 발견할 수 없었다. 하지만 실시간으로 추락하는 수익률을 보면 정신이 나갈 것 같았다. 이성은 포지션 유지를, 감정은 포지션 청산을 외치는 상황이었다. 계속 보다가는 충동적으로 손절할 것 같아 HTS를 꺼버렸다. 가격 등락에 멘탈이 흔들릴 때면 멘탈 관리를 위해 잠을 자는데 이때는 정말 문자 그대로 '심장 떨어지는' 기분이라 누워도 잠을 잘 수가 없었다. 공포감에 짓눌린 투매를 할 것 같아 호가창은 보지도 못했고 이젠 손절을 하고 싶어도 할 수가 없는 -100%를 찍어버렸다. 남은 방법은 만기일 장 마감 전까지 내 처음 예상대로 지수가 움직이기를 기도하는 것뿐이었다. 의도한 건 아니지만 당시 유일하게 보유 중이던 현물은 '강원랜드' 단주였다.

예수금	**잔고**	미체결	당일매매	주문가능	잔고확인	체결확인	차트	◀ ▶
총매입			총손익		실현손익		일괄매도	⚙
총평가			수익률	32.39%	추정자산		조회	합

	종목명	평가손익	수익률	매 입 가 ▼	보유수량	가능수량	현재가	▲
☐	강원랜드		-0.99%	36,050			35,800	
☐	한국CC		32.42%	162			215	

◉당일매수에 대한 당일 매도 ○당일매도전체 　전체　 ▼ 　조회　상세

매도금액		수수료+제세금		손익금액	
매수금액		정산금액		수익률	33.83% 거래내역

종목명	금일매수		금일매도		수수료 +제세금	손익금액	수익률7	▲
	평균가	수량	평균가	수량				
한국CC	165		301				82.08%	

결과적으로 내 처음 예상이 맞아 기존 보유 수량으로 32%, 추매 수량으로는 82% 수익을 냈다. 그러나 이때 느낀 공포감은 지금도 생생하다. 말로만 들었던 파생상품의 위험성을 잊지 않기 위해 해당 거래는 스마트폰 카메라와 스크린샷으로 찍고 외장하드에 담아 몇 년째 보관 중이다. 금융시장에서는 항상 겸손해야 한다는 가르침을 뼛속 깊이 새기게 만들어준 사건이었다.

　포트폴리오는 투자금의 규모든, 투자 종목이든, 종목 비중이든 혹은 다른 어느 요소든 투자자의 멘탈을 흔들 요인을 최대한 제거하는 방식으로 구성해야 한다. 멘탈이 흔들리면 수익을 낼 수 있는 자리에서도 손실을 내고 작은 손실로 막을 수 있는 자리에서도 크게 깨진다. 특히 자신만의 투자철학·매매 원칙과 기법이 아직 정립되지 않은 주린이라면 차트 매매나 가치투자보다도 자산 배분을 활용한 계량투자를 추천하는 이유다.

03
계산은 수익금이 아닌 수익률로

돈은 쫓아가는 것이 아니라 따라오는 것이며 부는 그릇의 크기만큼 담긴다고 한다. 투자 역시 마찬가지다. 합리적인 투자철학과 매매 원칙을 통해 쌓아 올리는 수익은 투자자의 그릇과 함께 커진다.

투자자의 그릇이란 명경지수가 흔들리지 않는 투자금의 양을 의미한다. 그릇을 키우려면 투자의 성과를 수익률로 계산하는 데 익숙해져야 한다. 복리의 마법은 수익금이 아닌 수익률의 누적이다. 똑같은 투자금에 똑같은 기대 수익률로 투자하면서도 주식의 가격만 보고 대형 우량주는 비싸서 못 사겠다고 말하는 경우를 종종 본다. 그러나 100만 원짜리 주식 1주 사서 10% 올라도 10만 원 수익이고, 10만 원짜리 주식 10주 사서 10% 올라도 똑같이 10만 원 수익이다. 수익금이 아니라 수익률로 계산하는 데 익숙해져야 눈에 보이는 숫자에 현혹되지 않는다.

투자 성과를 수익률이 아닌 수익금으로 평가하기 시작하면 자신의 투자금에 비례한 수익금으로 계산하는 데 익숙해진다. 성공적으로 매매한 투자도 하찮게 느껴진다. 100억 원의 10%는 10억 원이지만 100만 원의 10%는 10만 원이니까. 수천만 원으로 몇 년 만에 수십, 수백억 원을 벌었다는 개인투자자들의 경험담이 싸늘한 비수처럼 날아와 가슴에 꽂힌다.

"나는 이 기간에 이것밖에 못 벌었는데…."

더 큰 수익금을 벌어들일 수 있는 기법이 어딘가에는 있지 않을까 하는 의문이 생긴다. 단기간에 막대한 수익을 냈다고 알려진 투자자들의 기법은 뭔가 다를 거라는 생각이 든다. 그리고 자신을 엘도라도로 인도해줄 비법을 찾아다니기 시작한다. 비법 탐사는 멈추지 않는다. "일 10% 수익률" 같은 오컬트적인 기법은 현실에 없으니까. 죽을 때까지 불로초를 찾아 헤맸던 진시황제와 같다.

투자금이 작든 크든, 동전주에 투자하든 대형주에 투자하든, 차트 매매를 하든 가치투자를 하든 투자자는 자신의 투자철학과 매매 원칙에만 집중해야 한다. 그러기 위해서는 다른 투자자의 수익률은 물론이고 자신의 투자 손익에도 초연해야 한다. 확정 손실을 신경 쓰며 손절을 머뭇거려서도 안 되고 수익에 취해 경솔해지거나 자만해서도 안 된다. 그렇지 않으면 명경지수의 마음을 지킬 수 없게 되며 필연적으로 자신만의 투자철학과 매매 원칙에서 벗어나 비합리적인 매매를 하게 된다.

사람의 뇌는 생각보다 단순해서 오감이 사고방식에 큰 영향을 끼친다.[37] 수익률보다 숫자의 단위와 자릿수가 시각적으로 더 크고 실제로 쓸 수 있는 돈의 규모를 나타내는 수익금에 현혹되기 쉽다. 처음부터 수익금의 액수가 아닌 수익률의 정도로 투자 성과를 평가하는 습관을 들여야 한다.

---

[37] 4장-05의 심리·행동경제 추천 도서들이 관련 내용을 자세히 다룬다.

04
리서치의 핵심은 상관관계가 아니라 인과관계다

리서치는 상관관계에서 인과관계를 도출하는 작업이다. 상관관계는 현상들 사이에 서로 관련성이 있다고 추측되는 관계다. 이를 수치화한 상관계수[38]는 "동시에 일어나는 현상들의 동조 정도"를 의미한다. 반면 인과관계는 현상들 사이에 원인과 결과가 존재하는 관계다. 즉, 상관관계는 관련성이 의심되는 관계지만 인과관계는 원인과 결과가 명확한 관계다.

예를 들어보겠다. 천둥이 칠 때는 거의 항상 비가 내린다. 두 현상은 거의 항상 동시에 일어나므로 천둥과 비 사이에는 상관관계가 존재한다. 둘의 상관계수도 매우 높을 것이다. 그러나 이를 인과관계로 이해하면 해석이 이상해진다. "천둥이 칠 때는 비

---

[38] 상관계수는 미지수 r로 표현되며 -1≤r≤1이다. -1에 가까울수록 반대 방향으로 움직이는 음의 상관관계, +1에 가까울수록 같은 방향으로 움직이는 양의 상관관계라고 부른다. 즉, 완벽히 정반대로 움직이는 관계의 r값은 -1, 완벽히 똑같이 움직이는 관계의 r값은 +1이다.

도 동시에 관찰될 확률이 매우 높다"가 "천둥이 쳐서 비가 내린다" 혹은 "비가 내려서 천둥이 친다"가 된다. 두 현상이 동시에 발생하는 경우가 잦다는 이유만으로 둘 사이에 인과성을 설정하는 건 원시 부족의 "닭이 울어서 해가 뜬다" 수준의 해석이다.

위 예시처럼 상관관계와 인과관계는 명확히 다른 개념인데도 둘을 혼동하는 경우를 아주 많이 본다. 리서치를 정확히 하려면 상관관계와 인과관계를 구별해야 한다. 수많은 상관관계 사이에 숨어있는 인과관계를 발라내기 위해서는 논리적 사고와 다면적 사고를 종합적으로 할 수 있어야 한다. 196쪽에서 추천한 심리·행동경제 추천 도서와 게임이론 추천 도서를 다 읽고 확률통계 대중서(264쪽)와 개론서(264쪽)를 읽으면 올바른 통계 해석을 익히는 데 도움이 될 것이다.

참고로 수리과학 대중서나 개론서는 일본 저자들의 책이 좋다. 특유의 간명한 문체와 설명이 초심자들의 개념 이해에 적합하다. 정밀한 설명을 원한다면 우리나라 고등학교 통계 교과서—7차 교육과정 이과 심화 선택과목의 '확률과 통계'를 추천한다—또는 영미권 저자들의 책—주로 대학 교재—이 좋다. 이과 출신이라면 242쪽에서 추천한 수리통계학 교재를 권한다. 앞부분 절반은 학부생용이다.

리서치는 자료의 수집과 분석으로 나뉜다. 자료 분석을 하려면 일단 분석할 원시 자료가 있어야 한다. 당연한 것 아니냐고 생각할 수 있으나 생각만큼 쉽지 않은 과정이다. 소수점이나 단위 등 자잘한 전처리까지 끝난 상태의 신뢰할 만한—출처와 표본 수집 과정이 명확한—자료는 거의 없다고 생각하는 게 마음 편하다.

전처리는 직접 한다 치더라도 신뢰할 만한 원시 자료도 구하기가 쉽지 않다. 의외일 수 있겠지만 그래서 리서치에서 제일 까다롭고 어려운 부분이 자료 확보다. 자료 분석은 기본적으로 신뢰할 만한 자료의 양이 뒷받침돼야 한다. 표본이 부족하거나 편향되면 분석 결과의 신뢰도가 떨어진다.

자료 확보가 리서치의 시작이라면 자료 해석은 리서치의 끝이다. 구슬이 서 말이라도 꿰어야 보배라고, 리서치는 신뢰할 만한 자료의 양도 중요하나 해석은 더 중요하다. 자료를 올바르게 해석하려면 특히 통계의 함정을 조심해야 한다. 통계의 함정을 피하려면 자료를 보며 결론을 내야 한다. 결론을 내놓고 자료를 보면 보는 걸 믿지 않고 믿는 것만 보게 된다. 객관적인 자료와 이미 정해놓은 결론을 논리적으로 연결해주는 인과관계가 없으니 아전인수식 해석이 나온다. 대표적인 예가 작년에 화제가 됐던 국토부 장관의 "서울 집값은 11% 상승" 발언이다. 이 장관은 "중위값에는 통계적 한계가 있다"라고 주장했다. 할 말이 많지만 여기서는 하지 않겠다.

리서치를 성공적으로 수행하기 위해서는 세 가지를 갖춰야 한다.

① 조사 방법과 통계분석 지식

자료를 수집하고 수집한 자료의 신뢰성을 판별할 수 있어야 한다.

② 정량 분석quantitative analysis 능력

여러 현상 사이의 유의미한 상관관계를 도출하고 이를 분석할 수 있어야 한다.

③ 정성 분석qualitative analysis 능력

위 과정을 통해 도출된 수치상의 결과를 정부의 시장 개입과 투자자들의 비이성적 반응처럼 계량되지 않는 여러 변수 또는 시나리오를 고려해 해석할 수 있어야 한다.

리서치는 대량의 자료를 수집하고 이중 신뢰할 만한 자료를 추려내는 것이 시작이다. 그 후 정량 분석을 통해 현상 또는 요인 간의 통계적 유의성(e.g. 상관관계)을 검토하고 이를 기반으로 정성 분석을 통해 인과관계를 도출하는 종합 작업이다. 리서치가 유의미하려면 신뢰할 만한 자료의 양이 충분히 갖춰져야 하고 이에 대한 해석 역시 정확해야 한다. 정확한 자료 해석이란 상관관계에서 인과관계를 도출하는 과정이 논리적이고 과학적인, 다시 말해 수치로 입증된 객관적 근거가 있는 해석이다.

위는 리서치의 기본적인 얼개만 설명한 것이다. 언급하지 않은 리서치의 방법론은 훨씬 더 많다. 본질적으로 투자 리서치란 최대한 많은 양의 불확실성uncertainty을 관리 가능한 위험성risk으로 치환하는 작업이다. 다른 말로는 예측 불가능한 가능성possibility을 계산 가능한 확률probability로 바꾸는 작업이라고도 할 수 있다. 투자에 있어 리서치의 의의와 이를 실제로 적용하는 법은 4장-09에서 설명했으니 생략한다.

확률통계 추천 도서(대중서)

『괴짜 통계학』

『통계의 함정*Warum dick nicht doof macht und Genmais nicht tötet*』*

『통계의 거짓말*Luegen mit Zahlen*』

확률통계 추천 도서(개론서)

『통계가 빨라지는 수학력統計学のための数学教室』

『프로그래머를 위한 확률과 통계プログラミングのための確率統計』

---

*   현재 번역본이 유통되지 않는다. 도서관에서라도 빌려 읽어보기를 권하며 소장용으로는 같은 저자 게르트 기거렌처Gerd Gigerenzer의 『숫자에 속아 위험한 선택을 하는 사람들*Calculated Risks: How to Know When Numbers Deceive You*』을 추천한다.

05
가치≠가격

가치는 내재적이고 고착된 성질을 가지지만 가격은 외재적이고 변동적인 성질을 가진다. 기업가치는 단기적으로 큰 변화가 없는데 주가는 하루에도 몇 번씩 바뀐다. 낮은 가치에 높은 가격이 붙는 경우는 드물다. 따라서 일시적으로는 둘 사이에 괴리가 생길 수 있지만 장기적으로는 가치와 가격은 동행한다. 이를 "주가는 가치에 회귀한다"라고 한다. 즉, 둘의 상관성은 매우 높고 가치는 균형가격을 결정하는 큰 요인이다.

그러나 가치가 가격을 설명하는 유일한 원인은 아니다. 가치투자로 수익을 내려면 '기업가치 대비 저평가된 종목 발굴', '시장의 올바른 (재)평가', '자신의 보유 지분을 매수할 의사와 능력이 있는 다른 투자자' 세 가지 조건이 갖춰져야 한다. 저평가됐지만 실질적으로는 가치가 있어야 하며, 이 가치를 시장도 알아봐줘야 하고, 공인된 가치만큼의 값을 치르고 매입하는 투자자가 있어야 한다.

가치투자자들은 진흙 속의 진주처럼 기업가치보다 주가가 저평가된 종목을 찾는다. 진흙에 빛이 가려진 돌멩이가 진주라고 믿는 사람과 그냥 돌멩이라고 믿는 사람이 생각하는 적정가는 다르다. 진흙 속의 진주가 제값을 받으려면 세 가지 조건이 필요하다.

① 진흙 속에 파묻힌 무언가가 진짜 진주여야 한다.

사람들은 보는 걸 믿기보다는 믿고 싶은 걸 보는 경향이 있다. 자신의 눈에만 진주로 보일 뿐, 실제로는 진주가 아니라 그냥 윤기 나는 흰색의 동그란 돌멩이일 수도 있다. 종목과 사랑에 빠져 눈에 콩깍지가 씌면 안 된다.

② 자신뿐만 아니라 다른 사람도 진흙 속에 파묻힌 무언가가 진주인 걸 알아야 한다.

진주가 보이지 않는 진흙더미를 진주 가격으로 사는 사람은 없다. 덕지덕지 묻은 진흙을 깨끗이 털어낸 진주가 본연의 영롱한 우윳빛을 뿜어내야 한다. 그래야 다른 사람도 진흙 속에 파묻혀 있던 무언가가 진주임을 깨닫고 진주의 가치를 알아봐준다.

③ 진주를 살 사람이 있어야 한다.

전시戰時에는 반짝반짝 빛나는 진주 한 상자보다 녹슨 양철에 담긴 참치 통조림 한 상자가 더 유용하다. 당연히 진주보다 통조림의 가격이 더 높다. 아무리 진주가 많아도 이를 원하는 사람이 없다면 자산으로서의 가치는 없는 셈이다.

진주의 값어치만큼 돈을 지불할 능력이 있는 매수자가 없는 경우도 마찬가지다. 진주의 실제 가치보다 싼 가격에 팔거나 실제 가치만큼의 대금을 치를 수 있는 매수자가 나타날 때까지 기다려야 한다.

가치투자로 수익을 내려면 위 세 가지 조건 전부가 차례대로 충족돼야 한다. 기업가치가 실제로 높은 종목을 저평가 구간에서 매수해야 하며, 실제 기업가치가 시장에서 인정받고 이에 적합한 가격이 결정 및 공유돼야 하고, 마지막으로 시장에서 인정한 기업가치에 준하는 주식 가격만큼의 돈을 낼 의향과 능력이 있는 다른 매수자가 나타나야 한다.

이 세 조건이 전부 다 충족되기란 쉽지 않다. 첫 번째 조건은 어렵지 않다. 투자자가 열심히 공부하면 충족시킬 수 있다. 그러나 두 번째 조건과 세 번째 조건은 투자자 혼자의 노력으로 충족시킬 수 없다. 다른 시장 참가자들의 판단과 결정에 달린 사안이다.

가치투자자는 첫 번째 조건이 갖춰진 주식을 매수해서 두 번째 조건과 세 번째 조건이 충족될 때까지 보유한다. 언제까지 보유해야 할지는 아무도 모른다. 방향이 맞아도 때가 안 맞을 수 있다. 그래서 가치투자는 장기 시계열을 염두에 둬야 한다.

기업이 아무리 좋은 제품을 생산해도 이를 알아봐주거나 구매 여력이 있는 소비자가 없다면 돈을 벌 수 없다. 투자자 역시 아무리 좋은 기업을 매수했어도 이를 알아봐주거나 매수 여력이 있는 다른 투자자가 없다면 수익 실현을 할 수 없다. 같은 맥락에서 좋은 기업이 항상 좋은 종목은 아니다.

좋은 기업은 훌륭한 사업 모델을 갖고 돈을 잘 버는 기업이다. 하지만 좋은 종목은 투자자에게 훌륭한 배당금 또는 매도 차익을 안겨주는 종목이다. 기업의 이윤이 투자자에게 적절한 수준으로 분배되지 않으면 좋은 기업이더라도 좋은 종목이라고는 할 수 없다. 앞서 말했듯 우리나라 주식들은 평균적으로 배당이 적은 편이다.

시간의 기회비용도 고려해야 한다. 언제까지 주식을 보유해야 할지 알 수 없는—혹은 처음 계획보다 수익 실현 시기가 지나치게 지연되는—종목은 비록 훌륭한 기업이라 할지라도 좋은 종목이라고는 할 수 없다. 배당금만으로 생활에 문제가 없는 자산가라면 해당하지 않는 이야기지만 매도 차익이 중요한 일반적인 개인투자자라면 염두에 둬야 할 점이다. 개인투자자들은 전업 투자보다는—퇴사하지 말고—여윳돈으로 투자하라는 이유다.

또한 기업가치와 주가는 절대적인 인과관계가 아니다. 주식에 인공지능이 탑재된 게 아닌 이상 스스로 저평가 구간이라 판단하고 기업가치로의 회귀를 시작하지는 않는다. 기업가치든 적정 주가든 결국 모든 수치는 사람이 계산하고 사람이 평가한 결괏값이다. 이는 앞서 "재무제표도 하나의 재료일 뿐"이라고 한 말과 같은 맥락이다. 차트와 재무제표는 장약에 담긴 화약이지 방아쇠가 아니며 방아쇠를 당기는 주체는 더더욱 아니다. 방아쇠는 유동성이라 할 수 있는 수급supply and demand이며 방아쇠는 시장이 원하는 때에 시장이 원하는 방향을 향해 당겨진다. 시장이 판단하는 전망에 따라 재료 선호도도 바뀐다.

주가는 기업의 현재 가치와 투자자들이 기대하는 미래 가치의 합이다. 밝은 미래가 기다리고 있다는 장밋빛 전망이 시장을 지배하면 현재 가치보다 미래 가치에 가중치가 실린다. 기업의 기대 실적이 중요하게 여겨진다. 개중에서도 특히 존속 가치가 높은 업종과 종목에 관심이 쏠린다. 자연스레 꿈과 희망을 먹고 자라는 활기찬 업종과 중·소형주 및 성장주로 수요량이 몰리고 그만큼 가격은 상승한다. "V자 반등"을 외치기 시작한 2020년 3월 말부터 코스닥에 쏠린 돈을 보라.

그러나 어두컴컴한 터널처럼 경기 침체의 끝이 보이지 않는다는 음울한 전망이 시장을 지배하면 미래 가치보다 현재 가치에 가중치가 실린다. 기업의 실제 실적이 중요하게 여겨진다. 개중에서도 특히 부도라는 최악의 경우를 가정하고 계산한 청산 가치liquidating value가 높은 업종과 종목에 관심이 쏠린다. 자연스레 꾸준하지만 지루한 업종과 큰 등락이 없는 대형주 및 자산주로 수요량이 몰리고 그만큼 가격은 상승한다. "코스피 1100 갈 수도 있다"라는 비관이 팽배하던 2020년 3월 초부터 중순에 코스피, 특히 시가총액 상위권 대형주들에 쏠린 돈을 보라.

정리하자면 "좋은 기업은 좋은 종목"이라는 명제는 대개 참이지만 항상 참인 명제는 아니다. 재료가 차트든 신문 기사든 재무제표든, 균형가격은 시장이 참가자들의 의견을 조율해 정한 가격이다. 투자라는 행위에 매매의 제1원칙, "싸게 사서 비싸게 판다" 이상의 의미를 부여하지 말라. 워런 버핏도 "투자에는 단 두 가지 규칙만이 존재한다. 첫 번째 규칙은 손실을 내지 않는 것이다. 두 번째 규칙은 첫 번째 규칙을 지키는 것이다"라고 했다.

4장-03에서 자세히 설명했듯 '철학'이라는 단어가 들어있다고 해서 투자철학이 인문학인 건 아니다. 투자는 금융학이다. 증권시장은 투자철학과 매매 원칙을 기반으로 내린 자신의 선택이 합리적이었는지를 불특정 다수 시장 참가자들을 통해 확인하는 장소다.

따라서 보유 기간으로 '좋은' 매매 혹은 '나쁜' 매매를 가리거나 합리성을 유지할 방편으로 세운 원칙에 지나치게 얽매여—이 원칙이 언제 어느 상황에서나 항상 긍정적으로 작용하는 보편준칙 수준의 깊은 뜻이 담겨 있지 않은 이상—되레 원칙에 발목을 잡히면 안 된다. 버블이 터질 전조가 눈앞에 뻔히 보이는데도

"주식은 파는 게 아니라 사서 보유하는 것"이라며 계속 들고 있을 것인가?

부를 축적하기 위한 수단에 불과한 주식투자에 불필요한 의미를 부여하면 투자의 본질을 망각하게 된다. 인생철학과 원칙은 남의 평가에 좌우될 수 없고 그 가치는 주식 수익률이 아닌 삶의 궤적으로 증명하는 것이다. 투자의 본질을 잊어버리니 자신이 '가치'라는 단어에 부여한 불명확한 개념에 스스로 미혹돼 자신과의 싸움을 벌인다. "투자는 사업가처럼 기업과 동행하는 것이다"가 대표적인 자가당착이다.

06
투자자≠사업가

역사가 길고 규모가 큰 기업 중에는 소유와 경영을 엄격하게 분리하는 기업도 꽤 있지만 일반적으로는—법인을 제외한—최대 주주가 경영자다.

기업의 지분을 소유한다는 것은 일부나마 기업을 소유한다는 의미다. 주식은 기업의 권리인 동시에 의무다. 주주는 기업이 일군 과실을 함께 나눠 먹을 권리가 있고 기업이 본업에 충실한지 감시할 의무가 있다. 여기서 "주식 말고 기업을 사라*Buy companies, not just shares*"라는 말도 나왔다. 기업의 실제 소유주나 경영자만큼 기업을 면밀히 살펴보고 사업 구조를 이해한 후 투자하라는 의미다. 그런데 이 말을 진짜 사업가 당사자에 빙의하라는 식으로 선동하는 사기꾼들과 오해하는 주린이들이 있어 본 소단원을 적게 됐다.

주주 종류만 따져도 특수관계인·전략적 투자자strategic investor·재무적 투자자financial investor 등으로 여럿이다. 우선주 투자자는 의 결권이 없으며 보통주 투자자라 하더라도 경영 참여형 사모펀드 수준의 지분이 없는 이상 회사 결정에 영향을 끼치는 것도 불가능하다. 회사 청산 시에도 채권자의 권리가 주주의 권리보다 우선한다. 어딜 봐서 개인투자자가 소유주나 경영자인가?

자신의 회사가 기업가치 대비 고평가됐다고 자신의 지분을 파는 기업주는 없다. 경쟁사가 잘나간다고 자기 회사 주식 팔아서 경쟁사 주식 사는 기업주도—아주 가끔 있지만—거의 없다. 자기가 일군 기업에 대한 애착과 자부심의 가치는 돈으로 환산하면 얼마인가?

기업의 규모를 떠나서 처음부터 엑싯exit[39]을 노리고 창업하는 사업가가 아닌 이상에야 어느 기업주가 자기 회사를 좋은 값에 팔아넘길 기회만 기다리나? 쌀 때 사서 비싸지면 판다는 매매의 대원칙을 지키는 개인투자자라면 진정한 의미의 기업주가 될 수도 없고 될 필요도 없다. 소유주도 경영자도 아닌 개인투자자가 왜 기업주처럼 생각해야 하는가? 투자자는 사업가가 아니다.

처음부터 차익을 노리고 주식을 매입하는 투자자는 사업가와 기업을 대하는 자세가 다를 수밖에 없다. 투자가 진짜 소유주의

---

[39] 창업가의 엑싯은 보유 지분을 벤처캐피털VC, 사모펀드PE 혹은 타 기업에 매각하는 행위다. 화제가 됐던 '스타일 난다' 김소희 대표의 지분 매각이 대표적인 창업가의 성공적 엑싯 사례다. 김 대표는 보유 지분 70%를 로레알L'oreal에게 6천억 원에 매각했다. 반대로 VC와 PE의 엑싯은 타 기관투자자 또는 기업에 보유 지분을 매각하거나 상장IPO을 통해 투자금을 회수함으로써 이루어진다.

마음가짐으로 기업과 동행하는 거라면 주가가 내리든 오르든 폐업할 때까지 안 팔고 쥐고 있을 건가? 2세가 창업주한테 기업을 승계받으면 자신도 자식한테 주식 증여하고?

그럼 주식은 대체 언제 파나? 가격이 내재 가치에 도달하면? 기업과 동행한다면서? 언제부터 '동행'의 의미가 '자기 필요할 때만 선택적으로 발맞추는 행동'으로 바뀌었나? "사람이 미래"라고 광고하더니 신입 사원까지 해고한 모 그룹이 생각난다.

"장기투자만이 기업과 동행하는 진정한 투자" 운운하는 건 볼 때마다 기가 찬다. 물론 가치투자를 지향한다면 장기투자를 염두에 둬야 하는 건 맞다. 5장-05에서 자세히 설명한 것처럼 가치투자로 수익을 내기 위한 세 가지 조건 중 두 가지는 개인투자자 혼자서 충족시킬 수 없기 때문이다. 즉, 가치투자자가 장기투자를 고려해야 하는 이유는 투자자 당사자의 이익을 위함이다. 기업의 이익을 위해서가 아니다.

물론 기업은 주주들의 투자금을 이용해 사업을 진행하고 사회적 가치를 창출한다. 그럼 기업의 원활한 고용과 설비투자를 위해 주가가 내재 가치에 도달하거나 더 고평가돼도 매도하지 않고 보유할 건가? 투자자 자신의 이익뿐만 아니라 기업의 이익도 중요하다면 응당 그리해야 할 것이다. 위에서 물었듯 동행의 뜻이 자기 필요할 때만 선택적으로 발맞추는 행동은 아니지 않은가?

① 장기투자와 단기투자를 가르는 기준부터 의문

'장기'의 기준은 대체 몇 년인가? 흔히 거론하는 피터 린치의 "20년 혹은 그 이상"은 남성 평균수명이 70세도 안 되던 1980년대에 제시된 기준이다. 평균 수명 100세 시대라는 지금도 유효한 기준인가? 30년은 돼야 하지 않겠는가?

또한 "20년"은 1990년대 초반까지 쌓인 데이터를 기반으로 제시된 기준이다. 그는 "역사적으로 20년 정도면 조정의 시작과 끝을 다 겪고도 수익을 낼 수 있다[40]"라고 봤기 때문이다.

그러나 피터 린치가 은퇴한 1991년 이후 금융계에서는 소위 '10년 주기설'이 나올 정도로 수많은 지각변동이 있었고 지금은 산업 주기가 한 바퀴 도는 속도부터 과거와는 엄청나게 다르다. "20년"이라는 구체적 수치가 현재도 합당한 근거는 뭔가? 그의 말 때문인지, 아니면 한 세대가 바뀌는 데 20~30년이 걸리기 때문인지는 모르겠으나 장기투자 만능론을 주창하는 사람들은 지금도 적정 보유 기간의 기준을 '20년 이상'이라고 한다.

우리나라 주식을 20년 이상 보유 중이면 1997년 아시아 금융 위기, 2001년 닷컴 버블 붕괴, 2008년 국제 금융 위기, 2012년 미국 양적 완화, 2015년 중국 위안화 기습 평가절하, 2020년

---

[40] 『피터 린치의 이기는 투자』 (144쪽)

코로나 사태까지 사건마다 전 세계적으로 수조에서 수백조 원씩 증발한 국제적 사건들을 전부 거치면서도 팔지 않고 보유 중이라는 의미다. 2011년 김정일 사망이나 2016년부터 시작된 한한령限韓令 등 우리나라가 주요 관계국인 자잘한 사건들을 빼고 우리나라에 영향을 끼친 국제적 사건만 놓고 봐도 이 정도다.

수출국인 우리나라의 기업 중 20년 혹은 그 이전 기준 우량주 중 저 수많은 사건을 거치면서도 지금까지 계속 우상향한 종목은 손에 꼽힌다. 엄청난 통찰력으로 이런 위대한 기업을 발굴해 투자했다 하더라도 그 오랜 세월 동안 증권시장에 쌈짓돈 이상의 돈을 계속 묻어둘 수 있는 자산가가 과연 몇이나 될까?

투자의 기간으로 기법의 우열을 가리는 사람들이 가장 빈번하게 드는 예시는 "삼성전자는 40년간 270배 올랐다"이다. 그러나 앞서 말했듯 삼성전자 좋은 걸 모르는 게 아니라 삼성전자처럼 40년 뒤에 270배 올라있을 위대한 기업이 뭔지 모른다는 게 첫 번째 문제다. 자기 인생조차 40년은커녕 4년 뒤도 모르는데 40년 뒤의 기업과 증시가 어떻게 될지 대체 어떻게 알 수 있을까?

그리고 "주식은 매수하는 것이지 매도하는 게 아니고 가치투자는 기업과 평생 동행하는 것"이면 270배가 아닌 27,000배가 올라도 계속 보유하고 있어야 한다.

그런데, 그럼 대체 언제 매도하나?

② 내가 네다섯 자릿수의 수익률을 기댓값에서 지운 이유

　실물경제와 금융시장은 연동돼있다. 1970년대는 우리나라의 연 GDP 성장률이 평균 10% 이상이었다. 삼성전자가 상장된 1975년 약 218억 달러였던 우리나라의 명목 GDP는 2019년 1조 6,463억 달러가 됐다.[41]

　즉, "삼성전자로 270배" 같은 투자 수익률이 이루어지려면 개발도상국에서 선진국 반열에 들어서는 경제 팽창의 시기 동안―우리나라 전체의 명목 GDP가 80배 상승하는 동안―증시 전체의 대장주를 찾아내 매수 후 보유했어야 한다.

　따라서 1975년부터 현재까지 보유한 삼성전자의 수익률을 내려면 우리나라 증시를 향후 45년간 견인할 새로운 대장주를 찾아내 매수한 후 우리나라의 명목 GDP가 130조 달러 수준으로 커질 때까지 보유해야 한다. 여기에는 실물경제 성장률·증권시장 성장률·발굴 종목의 주가 성장률 모두가 매우 높은 양의 상관관계를 갖고 있고 이 동조 현상이 향후 45년간 꾸준히 유지될 것이라는 전제 조건도 필요하다. 참고로 2019년 기준 미국의 명목 GDP가 21조 4,277억 달러다.

　단순 계산이지만 이게 현실적으로 가능한 가정인가?

―――――――

[41]　한국은행의 '국민계정(국민소득통계)'을 참조했다.

온갖 복잡다단한 가정을 뒤섞어 투자의 기간으로 기법이나 성과의 우열을 따지자면 주식투자보다는 땅 투자가 훨씬 나은 투자다. 60년대 강남 땅값은 평당 50원이었고 70년대에는 5천 원이었다. 명동 상권은 진작부터 평당 1억 원을 넘긴 건물이 허다했고 현재는 강남과 서초 일대 아파트도 평당 1억 원에 달하는 매물이 흔하다. "삼성전자 40년간 270배 상승" 식의 논리면 용산·강남·판교 땅을 사서 40년 이상 보유했으면 2만 배, 50년 이상 보유했으면 200만 배 수익이다.

수익성 측면에서만 땅 투자가 더 나은 게 아니다. 주식은 극소수의 종목을 잘 선별했어야 수익을 냈겠지만 땅은 대강 지역만 맞췄어도 다 수익을 냈을 것이다. 주식은 상장폐지 되면 휴지 조각만 남지만 부동산 투자는 최악의 경우 실거주 또는 증여할 집이 남는다. 따라서 수익성과 위험성 관리 측면에서도 주식보다는 부동산 투자가 훨씬 뛰어나다.

그리고 결정적으로 부동산이 지닌 고유한 지리적 이점에는 돈으로 환산할 수 없는 가치가 있다. 서울에 집을 사려면 엄청난 돈이 필요한 시대는 이미 왔고 돈이 있어도 서울에 집을 사기 힘든 시대가 점점 다가오고 있다.

혹은 40년씩 멀리 가지 말고 10년 정도만 돌아가 보자. 비트코인을 1달러 남짓하던 10년 전에 샀다면? 블록체인 기술의 유용성을 미리 알아보고 투자한 것이든, 별생각 없이 호기심에산 것이든, 인생 역전을 노리고 투기한 것이든, 이유가 뭐가 됐든 10년만 더 기다려서 보유 기간 20년을 채우면 그때부터는 가치투자가 되는 건가?

죄다 말도 안 되는 헛소리다. 대체 가치투자를 어디서 어떻게 배운 건지 알 수 없는, 금융 기법을 신앙—혹은 인생철학—으로 승화시킨 사람들이 이런 이상한 소리를 늘어놓는다.

대가들조차 "이 둘을 명확히 분리하거나 구분하는 건 불가능하다"라고 말한 투기와 투자의 정의를 제멋대로 정하고 "차트 매매는 나쁜 투기고 가치투자는 좋은 투자"라고 말하는 사람들도 전부 이 부류다. 일기장에 쓰고 혼자 봐야 할 헛소리로 공공연히 주린이들을 미혹한다. 투자 방법론에 절대적인 규칙이 어딨나? 칸트의 정언명령도 아니고….

말이 안 되는 소리를 말이 되는 것처럼 포장하려니 여기저기—특히 인문학—에서 그럴듯해 보이는 말은 다 갖다 붙인다. 물론 주된 근거는 수익률이다. 이런 유사인문학을 주창하는 이류 사기꾼들을 볼 때마다 인문학이 모욕당하는 느낌이다. 극단적으로 이례적인 상황의 발생 가능성을 경고하는 『블랙 스완』 읽기를 추천하면서 정작 자신은 "투자에 '절대'는 절대 없다"라는 기초적인 사실도 모른다.

가치투자라는 개념이 정립된 지 이제 겨우 90년도 안 됐다.[42] 학문이 아닌 일개 개인조차 온전한 평가가 이루어지려면 사후 60년 정도가 필요하다고 한다. 이론으로서의 투자는 여타 학문에 비하면 엄청나게 짧은 역사를 갖고 있다. 그리고 그만큼 연구하고 보완해야 할 부분 역시 아직 많이 남아있다.

가치투자의 투자철학이 유효함은 수많은 투자 사례를 통해 입증되고 있다. 그러나 장기투자는 가치투자의 철학을 기반으로 개발된 여러 방법론 중 한 가지일 뿐이다. 그리고 모든 경우에 항상 들어맞는 경제 이론이나 모든 종목에 공통적으로 적용할 수 있는 매매 기법은 없다는 사실은 계속해서 강조했다.

금융학에서 시장초과수익을 알파alpha라고 부른다. 언제나 항상 알파를 얻을 수 있는 투자 방법이 무엇인지는 아직 아무도 모른다. 수많은 사례를 축적하며 이를 끊임없이 연구하고 분석해 알파로 향하는 길을 조금씩 찾아갈 뿐이다. 영원히 못 찾을지도 모른다. 우리는 2,400년 전에 살았던 플라톤의 사상을 아직도 연구하고 있다.

주식의 장기 보유는 성공적인 가치투자의 충분조건이지 필요조건이 아니다. 보유 기간과 투자 성과는 상관관계지 인과관계가 아니기 때문이다. 인과관계가 성립한다면 "오래 보유했기 때

---

[42] 벤저민 그레이엄의 『증권분석』 초판은 1934년에 출간됐다.

문에 수익이 올랐다"라는 뜻이 된다. 그러려면 모든 주식의 주가는 주식의 종류와 상관없이 장기적으로 항상 우상향한다는 명제가 항상 참이어야 한다. '오랜 보유 기간'이 주가 상승의 '원인'이라는 뜻이니까.

그러나 우량주로 평가받던 종목들도 장기적으로 주가가 우하향하거나 심지어 폐지된 반례들도 상당수 존재한다. 따라서 이는 항상 참인 명제가 아니다. 그러므로 장기투자와 가치투자 사이에는 등호(=)가 성립할 수 없다. 성공적인 가치투자의 필요조건은 '오랜 보유 기간'이 아니라 '보유하는 이유'다. 진짜 가치투자자들은 포트폴리오의 회사들을 계속 살피고 경영진을 만나며 투자 아이디어의 훼손 여부를 점검한다. "주식은 장기적으로 우상향!"을 외치며 시간이 지나기만을 기다리는 매매는 가치투자가 아니라 기도매매다.

요약하자면 가치투자는 일반적으로 장기투자의 경향을 띤다. 5장-05에서 자세히 설명했듯 저평가된 종목이 시장에서 재조명되려면 일반적으로 시간이 걸리기 때문이다. 또한 재평가된 가치에 적합한 대금을 치를 능력과 의사가 있는 투자자들이 나타나는 데도 시간이 걸린다. 따라서 가치투자는 대개 장기투자의 형태로 귀결되고 가치투자의 성과와 보유 기간 사이에는 강한 상관관계가 존재한다. 그러나 인과관계는 없으므로 장기투자가 곧 가치투자인 건 아니다.

참고로 "자본주의 경제 체제의 국가적 성장에 비례하는 주식 시장 전체의 우상향을 믿고 30~40년씩 묻어둘" 거라면 선취 수수료에 후취 수수료를 내고 운용 수수료까지 상대적으로 더 비싼 액티브펀드보다는 저렴한 운용 수수료만 내면 되는 인덱스펀드에 돈을 넣는 게 더 합리적인 선택이다. 인덱스펀드의 창시자이자 뱅가드Vanguard 그룹[43] 창업주인 보글John Bogle의 책을 추천한다. 219쪽에서 가치투자 추천 도서로 적어놓은 『모든 주식을 소유하라』가 그의 대표적인 책 중 하나다. 제대로 투자 공부를 할 시간이 없는 개인투자자들에게 왜 인덱스펀드 투자가 제일 적합한지 알 수 있다.

여담으로 존 보글은 2013년 뱅가드 그룹의 한국 주식 전량을 처분했다. 2015년에는 "한국과 중국은 미래가 없는 나라"라고 까지 했다. 그가 사망한 2019년부터 뱅가드 그룹이 우리나라 투자를 재개하기는 했으나 여전히 한국 주식은 매우 적은 액수만 보유 중이다.

본론으로 돌아와서 내가 투자의 본질이라고 반복 강조한 "투입량보다 더 큰 산출량이 기대될 때 위험을 감수하는 행위"는 "계산되는 기대 수익률이 위험성보다 큰 합리적 선택"과 같은 의미다. 둘 다 "쌀 때 사서 비싸지면 판다"는 매매의 가장 기초적인

---

[43] 2019년 기준 운용 규모 미국 2위의 자산운용사다.

원칙과 정확히 일치한다.

모든 주식투자의 목적은 수익이고, 보유 중인 주식을 팔지 않고 수익을 낼 방법은 없으며, 자기 기업을 다른 사람들이 결정하는 가격에 따라 샀다 팔았다 하는 기업주는 없다. 주식투자에 "쌀 때 사서 비싸지면 판다" 이상의 의미를 부여하지 말라. 점 하나와 선 하나에 우주적인 의미를 부여하는 취미가 있다면 주식투자보다는 현대미술 공부를 추천한다.

가장 흔히 '투자자=사업가'의 근거로 인용되는 워런 버핏의 말만 해도 그렇다. 버핏이 이룬 부의 99%는 그가 '소유'한 버크셔 해서웨이[44]를 통해 형성됐고, 버크셔 해서웨이는 안정적인 현금흐름을 창출하는 보험회사들(e.g. 가이코GEICO)을 핵심 자회사로 두고 있으며, 투자 방식은 경영진을 교체하는 등 투자 대상에게 직접적인 영향력을 끼치는 경영 참여형 사모펀드의 투자에 가깝다.

반면 개인투자자 대부분은 투자금을 계속 보충해주는 자회사들을 거느린 그룹의 소유주나 회장이 아니며, 투자한 회사의 경영에 직접 간섭할 권한도 없고, 자신이 주식을 샀다는 이유만으로 전 세계 투자자들의 투자금이 몰리는 영향력도 없다. 버핏의 투자 조언은 훌륭하지만 이런 차이는 인지해야 한다.

---

[44] 아들 하워드 버핏Howard Buffett이 2005년 의장직을 승계했다.

버핏이 "나는 지금도 1백만 달러면 1년에 50% 수익을 낼 수 있다고 생각합니다. 아니, 낼 수 있습니다. 장담합니다[45]"라고 했다고 해서 10억 원 이하의 투자금만 굴린다면—자금 규모가 커질수록 수익률을 높이기 어려워진다—인덱스펀드나 모든 개인투자자가 연 50% 수익을 낼 수 있다는 말은 아니지 않은가? 버핏의 투자 그릇과 평범한 개인투자자의 그릇이 다르듯 그의 투자 관점 역시 개인투자자의 상황에 알맞게 적용해야 한다.

워런 버핏은 거대 지주사의 소유주이자 경영자인 동시에 투자자다. 그가 위대한 투자자라는 점은 객관적인 사실이다. 나도 버핏의 투자법을 다룬 책을 많이 읽었고 그의 말 대부분에 동의한다. 그러나 63개의 자회사와 39만 명의 임직원을 거느린 지주사의 소유주이자 경영자인 그가 "사업가처럼 투자하라"라고 한 말을 우리나라의 평범한 개인투자자가 액면 그대로 받아들이는 건 문제가 있다.

내 생각에 사업가와 투자자는 공생 관계지만 그렇다고 투자자가 사업가는 아니다. 사업가는 좋은 상품을 많이 팔아서 이윤을 창출한다는 기업의 본질에 집중해야 한다. 투자자는 위험성에 따른 기대 수익률을 계산해 싸게 사서 비싸게 판다는 투자의 본질에 집중해야 한다. 투자자와 사업가가 각자의 본업에 충실

---

[45] buffettfaq.com의 18번 항목을 참조했다.

해야 효율적이고 유의미한 공생 관계가 유지될 수 있다. 그리고 시장 참가자 개개인이 비교 우위를 가진 자신의 영역에서 최선을 다하는 분업이 이루어질 때 사회 전체의 총 편익도 증가한다. 비교 우위와 기회비용에 따른 분업은 자본주의의 가장 기본적인 원리 중 하나다.

07
매수는 신중하게
보유는 편안하게
매도는 기민하게

대한민국 3대 타짜 평경장 선생님께서는 일찍이 이렇게 말씀 하셨다.

"나는 재미로 노름을 하는 사람이 아니야."

전문 도박사는 재미로 노름을 하지 않는다. 철저히 준비한 사전 계획에 따라 기계적인 수로 승리를 추구한다. 투자자도 마찬 가지다. 손맛이 주는 도파민과 테스토스테론의 짜릿함에 중독되면 안 된다. 투자는 단순히 재미를 느끼는 잡기가 아니다. 자본주의 정글에서 살아남기 위한 도구다. 귀한 시간을 포기하는 대가로 겨우 약간의 돈을 거머쥐는 불공평한 현실을 벗어나기 위한 중요 수단이다.

주식은 매수와 매도가 너무 쉽다. 매수매도 클릭 두 번에 매매가 끝난다. 계약서를 쓸 필요도 없다. 내가 확신컨대, 주식에 투자할 때 컴퓨터나 시계 살 때만큼만 조사하고 따져도 주린이들이 투자에서 손실을 낼 확률이 기존의 절반 이하로 떨어질 것이다.

　매매는 신중하면서도 기민해야 한다. 너무 가벼워도 안 되고 너무 무거워도 안 된다. 매매를 너무 가볍게 여기면 깊은 고민 없이 경솔하게 투자 대상을 고른다. 매수는 신중해야 한다. 오락실에서 게임 하다 죽으면 동전 넣고 이어서 하듯 안일한 마음으로 매수하면 안 된다. 이 투자가 인생에서 단 한 번 남은 마지막 투자 기회라고 생각하고 투자 대상을 철저하게 분석해야 한다.

　보유하는 동안에는 마음이 편안해야 한다. 기대 수익률 대비 위험성이 큰 종목을 매수했든, 자금을 너무 많이 투입했든, 여윳돈이 아닌 신용 대출을 사용했든, 조사가 부족한 상태에서 투자했든, 사유가 뭐가 됐든 보유 포지션 때문에 마음이 불안해지면 안 된다. 멘탈이 흔들리면 공부와 경험을 통해 쌓은 모든 지식과 교훈이 무용하다. 어떤 금융상품에 얼마를 투자하든 해당 상품을 보유하는 동안 필립 피셔의 책 제목처럼 "꿀잠"을 잘 수 있어야 한다.

　그러나 매매를 너무 무겁게 여겨도 문제다. 매도는 기민해야 한다. 모든 매매에 지나치게 큰 의미를 부여하면 차트 또는 재무제표가 망가지거나 향후 산업과 경제 전망에 대한 부정적 신호가 나와도 손절을 못한다. 그 결과 처음 진입할 때 계획에는 없었던 포지션 유지를 지속하며 "장기투자만이 진정한 가치투자"라는 민간신앙에 귀의해 기도매매를 하게 된다.

종합하면 매수는 산처럼 우직해야 한다. 자료를 분석하고, 위험성과 위험성 대비 적정 기대 수익률을 계산하고, 이에 맞춰 매매 계획을 세우고, 최종적으로 투자 전략 전반의 타당성을 검토하는 과정을 거쳐야 한다. 그 결과 종목을 보유하는 동안 숲처럼 고요한 평정심을 유지해야 한다.

보유 종목들의 운용은 바람과 같아야 한다. 피터 린치가 조언했듯 매매의 제약이 없고 자금 규모가 적은 개인투자자만의 강점을 활용해—호재든 악재든—돌발 상황에 빠르게 대처해야 한다. 따라서 매도는 물처럼 유연해야 한다. 처음 투자를 계획하고 결정할 때와 달라진 점을 살피며 상황에 맞게 움직여야 한다.

그리고 무엇보다도 매수든 매도든 명경지수가 흔들리는 매매는 안 된다. 탐욕을 좇거나 자만에 취하거나 혹은 공포에 짓눌리면 스스로 세운 투자철학과 매매 원칙을 깨고 맹목적인 매매를 하게 된다. 이런 맹렬한 불길 같은 매매의 끝에 남는 것은 다 타버린 재뿐이다.

투자는 매수를 준비할 때부터 매도가 완료될 때까지 '3W1H 원칙'에 따라 선택 하나하나를 대국에 임한 바둑 기사가 수를 읽듯 해야 한다. 하지만 이미 매매가 끝난 투자는 대국 후 자신의 수를 되돌아보는 복기 이상의 의미를 두지 말아야 한다.

참고로 투자 초기에는 매매 일지를 쓰며 자신의 매매를 되짚어 보는 게 많은 도움이 된다. 모든 매매는 복기할 때 배우는 게 많지만 실패한 매매를 복기할 때 특히 많이 배운다. 상승장보다 하락장에서 더 많이 배우는 것과 비슷한 맥락이다. 객관식 문제를 풀 때 확실히 오답인 보기를 다 지우기만 해도 문제를 맞힐 확률이 많이 올라간다. 투자 역시 잘못된 습관을 고치고 실수를 줄이기만 해도 매매 성공률이 엄청나게 올라간다.

자신이 공부한 투자철학에 이론적 문제가 없는데도 매매 결과가 안 좋다면 세 가지 경우다.

① 투자철학에—자신이 발견하지 못한—오류가 있다.
② 기법을 잘못 이해하고 적용했다.
③ 스스로 세운 매매 원칙을 지키지 않았다.

지난 매매를 되돌아볼 때는 문제의 원인이 셋 중 어디에 해당하는지를 파악하는 데 중점을 둬야 한다. 대부분 세 번째 경우다.

08
싸다고 사면 '싸다구' 맞는다

아마 우리나라 증시에만 존재하는 언어유희가 아닐까 싶다. 재미있는 말이지만 우습게 여기면 안 될 조언이다.

가격은 시장 참가자들이 수많은 정보에 의해 판단한 결괏값이다. 물건을 살 때도 그렇지 않은가? 최고급 재료를 사용하면 웬만해서는 맛있을 수밖에 없는 요리가 나오듯 보통의 경우 비싼 건 비싼 이유가 있고 비싼 값을 한다. 주식도 마찬가지다. 비싼 주식은 비싼 이유가 있고 싼 주식은 싼 이유가 있다.

이를 체계화한 이론이 효율적 시장가설EMH이다. 물론 "금융시장은 모든 정보를 즉각적으로 가격에 반영한다"라는 EMH에는 많은 논란이 있다. 효율적 시장가설은 3장-01에서 언급한 단타의 두 번째 전제 조건과 같은 내용이지만 해석의 관점이 다르다.

EMH에 따르면 시장에서 형성된 균형가격은 기업의 내재 가치와 현재 주가 사이에 괴리가 없는 최적 상태다. 기업의 내재 가치와 가격 결정에 영향을 끼치는 요인들이 이미 모두 균형가격,

즉 주가에 반영돼있으므로 가치투자를 포함한 모든 액티브 투자로는 초과 수익률을 낼 수 없다. 따라서 정상적으로 작동하는 금융시장에서 가장 효과적인 투자법은 지수에 투자하는 패시브 투자다.

232쪽에서 언급한 파마 교수가 시장 참가자들의 합리성을 전제로 두는 EMH를 확립한 공로로 노벨 경제학상을 받은 2013년에는 예일대Yale University 실러Robert Shiller 교수가 EMH와 정반대의 논지를 펴는 이상 과열Irrational Exuberance 이론으로 노벨 경제학상을 받기도 했다. 같은 이론을 두고 이를 정립한 교수와 정면에서 반박한 교수가 같은 해에 노벨 경제학상을 수상했을 정도로 EMH는 불완전한 이론이다. 문자 그대로 '가설'인 셈이다.

나도 EMH의 기반인 전통 경제학, 곧 "모든 인간은—또는 시장 참가자는—이성적인 존재이므로 항상 합리적으로 행동한다"라는 명제에 동의하지 않는다. 이 명제가 참이라고 가정하면 미시경제학 문제 풀기야 편하겠지만 아무리 이론이라 해도 현실과 너무 동떨어진 가정이라고 생각한다. 나는 모든 인간이 항상 합리적으로 행동하지는 않는다고 보는 행동경제학과 행태재무학의 시각에 동의한다.

EMH의 가장 큰 단점은 이론적으로는 설득력이 있으나 현실에서 설명이 안 되는 현상이 너무 많다는 것이다. 시장이 완벽하게 효율적으로 작동해서 모든 공개 정보가 즉각적으로 가격에 반영된다면 주식의 가격은—이론상 정보가 시장에 퍼지는 시간은 20초 이하이므로—항상 기업가치와 같아야 한다.

하지만 대부분 주식은 내재 가치와 주가가 다르다. 실제로도 시장에서 알파의 수익률을 올리는 투자자들이 전 세계에—전체 투자자의 비율로는 적지만 머릿수로만 따지자면—수도 없이 많지 않은가? 파마 교수 자신조차 이후 EMH의 오류를 인정했다. 그러나 EMH는 현실에 적용하기 어려운 부분이 일부 있는 것이지 이론적으로 틀린 게 아니다.

파마 교수는 노벨 경제학상 수상 이후 다트머스대 프렌치 교수와 기존 EMH의 문제점을 보완한 파마-프렌치 3요인 모형 FF-3F Model을 개발했다. EMH의 비현실성 측면을 개량한 FF-3F Model은 현재 전 세계 기관투자자들에게 널리 사용되고 있다. "가격은 반영 가능한 모든 정보를 이미 담고 있으며 아직 반영이 안 된 정보 또한 장기적으로는 모두 가격에 반영된다"라는 EMH의 핵심 이론이 실제 사례를 통해서도 서서히 입증되고 있는 셈이다.

즉, 이론적으로도 그리고 현실적으로도 오랜 기간 싼 주식은 반영 가능한 모든 정보를 이미 가격에 포함한 상태이므로 싼 이유가 있을 확률이 매우 높다. 따라서 주식을 단순히 주가가 싸다는 이유로 매수했다가는 싸다구를 맞을 확률도 매우 높다.

낙폭 과대주의 매수 근거는 회복성resilience이다. 주가의 회복성은 비정상적으로 하락한 주가가 정상 궤도, 즉 원 추세로 돌아가려는 성질을 의미한다. 문제는 급락의 원인이다.

현재 가격은 비합리적인 시장 참가자들의 공포로 인한 불균형 상태일 수 있다. 그러나 정보가 모두 합리적으로 반영된 최적 상태일 수도 있다. 주가의 불균형 상태를 명확히 식별한 가치투자자의 매수는 역발상 투자지만 단순히 싸다고 사는 주린이의 매수는 싸다구 맞기 딱 좋은 매수다.

EMH가 이론적으로 틀린 말은 아니지만 현실적으로 주가가 1년 거래일 내내 모든 정보를 반영한 최적 상태로 유지되지는 않는다. 모든 시장 참가자들이 공개 정보를 근거로 가장 합리적인 가격을 결정한 균형 상태에서만 거래하는 것도 아니다. 시장은 효율적으로 작동하지만 시장 참가자들 대부분은 합리적이지 않기 때문이다.

앞서 말했듯 기업가치든 적정 주가든 결국 모든 수치는 사람이 계산하고 결정한다. 기업가치를 저평가해 매수하지 않았든 기업가치를 과대 계상해 거품을 만들었든, 공포에 짓눌려 투매했든 혹은 탐욕에 휩싸여 '묻지마 매수'를 했든, 다양한 이유로 시장 참가자들이 만들어낸 괴리가 일정 기간 가격을 왜곡시킨다.

적정가와 현재가 사이에 존재하는 괴리의 "일정 기간"이 얼마인지도 알 수 없다. '거품 시대'라고 불릴 정도로 오랫동안 지속할 수도, 단숨에 치고 올라가는 'V자 반등'을 할 수도, 지지대를 테스트하고 올라가는 'N자 반등'을 할 수도, '쌍바닥'을 찍고 올라가는 'W자 반등'을 할 수도 있다. 5장-05에서 자세히 설명했듯 기업가치 대비 저평가라는—적정가와 현재가 사이 괴리로 인한—불균형 상태의 가격에서 매수하는 가치투자자가 장기투자를 염두에 둬야 하는 이유다. 물론 모든 장기투자가 가치투자는 아니다.

싸게 사서 비싸게 파는 게 매매의 제1원칙이다. 그러나 싸다는 이유만으로 쓰레기를 사진 않는다. 물론 쓰레기를 헐값에 사서 멀쩡한 제품을 골라내거나 재활용해 매입 가격보다 비싸게 파는 고물상이나 생활의 달인들도 있다. 부실기업 인수 후 구조조정 등의 대규모 체질 개선으로 기업가치를 되살리는 경영 참여형 사모펀드와 부실채권[46]들을 헐값에 사들인 후 회생 가능한 채권들을 되파는 무수익여신NPL 투자자(e.g. 벌쳐펀드vulture fund) 등이 이에 해당한다. 그러나 이들은 전부 많은 공부와 오랜 실무 경험을 갖춘 전문가들이다.

"원칙 1. 헐값의 주식을 피하라. 값싼 주식 뒤에는 그에 걸맞은 어설픈 기업이 있으므로 싼 게 당연하다."

『100년 투자 가문의 비밀*The Davis Dynasty*』 중에서

---

[46] 대출과 지급보증 중 원리금이나 이자를 제때 받지 못하는 돈이다. 부실대출금(장기 연체/손실 비용)과 부실지급보증액을 합친 금액으로 3개월 이상 연체된 대출을 의미한다.

길바닥에 떨어져 있는 음식은 웬만하면 주워 먹지 않는 게 좋다. 원래 주인이 일부러 버린 음식인지 실수로 흘린 음식인지부터 알 수 없다. 그 음식을 보고 지나치는 다른 사람들이 그 음식을 안 줍는 이유가 있을 확률이 높다. 주워 먹더라도 최소한 포장만 망가진 멀쩡한 음식인지 아니면 누군가 먹다 버린 상한 음식인지는 확실히 확인해야 한다. 5장-05에서 "진흙 속의 진주" 비유로 설명했듯 제대로 된 가치투자의 첫 번째 조건대로 진흙 속에 파묻힌 무언가가 진짜 진주여야 한다.

"이 정도면 바닥이지. 여기서 어떻게 더 빠지겠어?"

이렇게 안일하게 생각하다 52주 신저가 알림 뜨면서 지하실로 떨어진 사람들이 한둘이 아니다.

초보 차티스트면 정배열에서 눌림목일 때 들어가거나 거래량 터지고 장대 양봉이 올라가는 종목만 따라붙는 게 좋다. 초보 가치투자자면 지수에 적립식으로 투자하거나 기관투자자와 개인 투자자가 무수히 많은 분석 자료를 내놓는 대형 우량주 위주로 투자하는 게 좋다. 초보 계량투자자면 항상 국채·금·현금 등 안전자산 비중을 40% 이상 가져가고 나머지 60%도 고배당주나 산업·지수 ETF에 투자하는 게 좋다. 주식은 기본적으로 고위험 상품이고 지수 인덱스펀드는 주식에 대한 분산이다. 따라서 주식 ETF로 100%를 채운 포트폴리오는 분산투자라 부르기 어렵다. 안전자산과 위험자산의 적정한 조합으로 기대 수익률 대비 위험성을 최소화하는 투자가 진정한 분산투자다.

주가수익비율price/earnings ratio; P/E도 이런 관점에서 해석해야 한다. P/E는 다양한 의미가 함축된 지표다. 자세한 설명은 217쪽과 219쪽의 초·중급 추천 도서를 참조하도록 하고 여기서는 단어의 뜻만 살펴보자. P/E는 발행주식 전체의 가격price을 회사의 수익 earnings으로 나눈 값이다. 회사의 한 해 수익이 시총(전체 시가총액에 해당하는 1주당 가격×발행주식 수)만큼 커지는 데 몇 년이 걸리는지를 의미한다.

예를 들어 P/E가 10이면 회사가 연수익을 10년간 모아야 현재 시가총액이 된다. P/E가 10인 회사의 작년 연수익이 10억 원이면 주식의 시가총액은 100억 원이다. 이 회사의 현재 주가가 1만 원이면 주당순이익은 1천 원이다. 즉, P/E는 회사의 수익으로 현재 주가—또는 시가총액—를 설명하는 데 걸리는 기간을 나타낸다. P/E가 높다면 회사가 벌어들이는 돈—내재 가치의 핵심—에 비해 과한 가격이 책정되었다는 뜻이다.

그래서 일반적으로는 P/E가 낮을수록 좋은 회사다. 책도 대부분 "P/E가 얼마 이하일 때 투자해라" 혹은 "얼마 이상이면 안 좋다"라는 방식으로 구체적인 숫자를 기준 삼아 설명한다.

P/E가 낮을수록 좋다는 말 자체는 맞다. 예를 들어 연수익을 제외한 모든 재무 성과가 똑같고, 동종 산업(e.g. 반도체·바이오 등)이고, 회사의 성격(e.g. 제조업·수출기업 등)도 비슷하며, 주가도 똑같은

두 회사 A와 B가 있다고 치자. 이때 A의 P/E는 10이고 B의 P/E 는 20이다. 그럼 A 회사 연수익이 B 회사 연수익의 두 배인데 둘 의 주가는 똑같다는 의미다. 주가가 기업가치에 회귀한다는 가정 하에 두 회사 중 어느 기업에 투자해야 할까? 기업의 본질은 수 익 창출이므로 당연히 A다.

그러나 현실은 이처럼 단순하지 않다. 위 예시에서도 대표적 인 몇 가지를 나열했듯 P/E 배수로 투자 적격성을 판단하려면 수많은 가정이 필요하다. 따라서 "다른 모든 조건이 똑같다는 가 정하에 P/E가 낮을수록 좋은 회사"처럼 P/E를 통한 상대적 비교 는 가능하지만 적정 P/E의 절댓값이 얼마라고는 단정할 수 없다.

주식이 아닌 일반 상품으로 예를 들어보자. 가방의 기능적 측 면만 보자면 시장표 1만 원짜리나 샤넬의 수백만 원짜리나 차이 가 없다. 당연한 말이지만 같은 크기의 가방인데도 샤넬표라는 이유로 시장표보다 수백 배의 물건이 더 담기지는 않는다. 따라 서—앞서 두 회사를 기업의 본질 측면에서 비교한 것처럼—샤넬 을 시장표와 '물건 보관과 휴대'라는 가방의 본질적인 측면에서 만 비교하자면 말도 안 되는 P/E를 주는 셈이다.

그러나 샤넬은 '샤테크'라는 말이 나올 정도로 없어서 못 판다. 아울렛으로 이월도 안 하는 소수의 브랜드 중 하나다. 샤넬 가방 은 왜 시장표 가방보다 수백 배 비쌀까? 기본적으로는 가방으로 쓰려고 사지만 '샤넬백'의 균형가격은 단순히 가방의 기능적 측

면만 고려된 결괏값이 아니다. 샤넬백이 비싼 이유는 근본적으로 샤넬의 공급량에 비해 소비자들의 수요량이 압도적으로 높기 때문이다. 서울의 강남 아파트처럼 기본적으로 매도자 우위 시장인 셈이다.

그리고 샤넬의 수요량이 높은 이유는 매우 다양하다. 샤넬 애호가로서 느끼는 편익일 수도, 샤넬의 희소성에 붙는 프리미엄을 노린 샤테크 투자일 수도 혹은 타인에게 인정받고자 하는 슬픈 과시욕의 발로일 수도 있다. 어쨌거나 원인이 뭐가 됐든 시장 참가자들, 즉 잠재적 매수자들과 실제 매수자들이 샤넬의 이름값에 그만한 가치가 있다고 판단하기에 샤넬백의 비싼 가격은 정당화된다. 수요가 있을 때 공급도 존재한다.

주가 역시 마찬가지다. 가치평가 측면에서 주식에 비싼 값이 매겨지려면 기본적으로는 기업이 돈을 잘 벌어야 한다. 하지만 주식의 균형가격은 기업의 현재 또는 과거 몇 년 치의 수익만으로 결정되지 않는다. 주가는 투자자들이 기업에 매기는 긍정적 기대와 부정적 기대를 모두 먹고 자란다.

투자자들이 품는 긍정적·부정적 기대의 종류는 수없이 많다. 예를 들면 현재 수익은 신통찮아도 설비투자의 효과가 드러나는 시점부터는 큰 수익을 낼 것이라는 기대, 현재 수익은 나쁘지 않으나 산업구조 변화에 따라 앞으로는 사양길을 걸을 것이라는 기대, 현재 수익을 고려하면 주가가 저평가돼있으므로 조만간 시장의 재평가가 이루어질 것이라는 기대 또는 새로 선임된 2세 경영인이 사업을 말아먹을 것이라는 기대 등등. 이처럼 수익에 대한 기대만 따져봐도 한둘이 아니고 수익 외적인 부분에 대한 기대는 무한하게 많다.

P/E가 높은 기업은 현재 기업가치 대비 고평가된 상태를 의미한다. 하지만 동시에 그만큼 해당 기업을 향한 관심과 수요가 높다는 뜻도 된다. P/E는 상대적 개념이다. 물론 아무리 상대적 개념이라 해도 P/E가 비상식적으로 높으면—P/E가 4,743이라든지[47]—웬만해서는 어떤 이유로도 정당화하기 불가능한 가격이니 투자 고려 대상에서 빼는 게 합리적이다.

그러나 이런 극단적인 경우가 아니라면 단순히 P/E의 높고 낮음으로 투자 적격성을 판단할 수는 없다. 기업의 향후 미래 가치는 종합적으로 봐야 한다. 동종 업계 경쟁사들에 비해서도 높은 P/E인지, 과거 성장률을 통해 추정하는 미래 수익을 감안해도 높은 P/E인지, 수익 외적인 측면까지 고려해도 높은 P/E인지 등등 여러 조건과 기대를 잘 따져봐야 한다.

상대적으로 높아 보이는 P/E가 (그렇게까지는) 비싼 가격은 아니라고 인정받는 걸 리레이팅rerating이라고 한다. 즉, 리레이팅은 적

---

[47] "신풍제약, 자사주 팔아 120년치 순이익 벌어 … 주가 14% 급락" (연합뉴스, 2020년 9월 22일)

정(하다고 생각되는) P/E의 상향 조정이다. 그러나 앞서 말했듯 P/E는 상대적 개념이기에 '적정 P/E'는 존재하지 않으므로—혹은 수치화하기 어려우므로—리레이팅은 '현재 주가보다 더 상승 여력이 있다' 정도로 받아들이면 된다.

결론적으로 소형 성장주 투자보다는 배당성향이 높은 대형 우량주 투자가 주린이들에게는 더 쉽고 안전한 투자 방식이다. 일반적으로는 싸다고 사면 싸다구 맞고 비싼 물건은 비싼 이유가 있으며 비싼 값을 한다는 상식을 항상 명심하라. 물론 위 예시처럼 4,743년 치 회사 순익을 모아야 현재 시가총액을 설명할 수 있는 수준의 비싼 가격은 어떤 이유로도 정당화하기 어렵다.

09
까치밥은 남겨주자

"매수는 기술이고 매도는 예술이다."

누가 처음 한 말인지는 알 수 없으나 매매의 모든 원리가 압축된 명언이다. 실제 투자를 해본 사람들은 다들 공감할 것이다.

어느 정도 공부하고 경험이 쌓이면 저평가 구간 매수는 그나마 익숙해진다. 그러나 매도는 아무리 공부를 늘리고 경험이 쌓여도 감이 안 잡힌다. 소위 '타점'을 못 잡는다. 정확히는 머리 꼭대기에서 파는, 상승 극점에서의 매도 타점은 정말 잡기 어렵다. 당장 팔자니 추가 상승 여력이 있는데 조급하게 파는 것 같아 꺼려지고, 그렇다고 더 보유하자니 괜히 욕심부리는 것 같아 찜찜하고….

나도 상승 극점에서 매도하는 정확한 타점을 잡아내기 위해 무진장 애를 썼다. 그러나 몇 년간 온갖 시도를 다 해본 후 그냥 포기하는 게 낫다는 결론을 냈다. 몇 번 정도 소 뒷발에 쥐 잡듯 우연히 얻어걸린 적은 있지만 우연은 말 그대로 우연일 뿐이다.

사실 차티스트건 가치투자자건 모든 고수가 한결같이 입 모아 말하는 게 "주식의 바닥과 천장은 아무도 모르니 절대 바닥이나 천장을 잡으려 하지 말라"는 조언이다. 나도 개인적인 호기심과 불가능에 도전해보고 싶은 욕심에 오랜 기간 연구해봤을 뿐이다. 대부분 나와 비슷한 과정을 거쳐 '불가능'이라는 결론에 도달했을 터다.

내 생각에 그나마 가장 과학적으로 상승 극점에서 매도 타점을 잡는 방법이 있긴 하다. 매수할 때마다 기가 막히게 상투만 잡는 지인이 있을 시 그 사람을 인간 지표로 삼는 것이다. 농담이 아니다. 상승 추세 꼭대기에서 매도하는 건 인간 지표를 사용하는 게 가장 과학적인 방법일 정도로 어렵다.

증시에 "무릎에서 사서 어깨에서 팔라"라는 격언이 있다. 차트 매매든 가치투자든 어떤 방식의 투자를 하더라도 적용 가능한 매매 원칙이다. 사용하는 기법에 따라 여러 의미로 해석할 수 있다. 추세의 방향이 확실히 정해졌을 때 매매하라는 말도 되고, 저평가 구간에서 사서 보유하다가 내재 가치 이상의 가격에 도달하면 팔라는 말도 되고, 가격 변동의 시작과 끝은 아무도 모르니 바닥이나 천장에서 꼭지를 잡으려 하지 말고 적당히 싸면 들어가고 적당히 비싸지면 나오라는 말도 된다.

무릎에서 사서 어깨에서 팔라는 조언은 특히 매도 타점을 잡을 때 유용하다. 극적인 장외 홈런은 못 쳐도 안타는 안정적으로 칠 수 있으며 가끔 운 좋으면 홈런도 나온다. 차티스트든 가치투자자든 매매는 진입 시 세운 계획—전자의 경우 지지선과 저항선이 될 것이고 후자의 경우 내재 가치가 될 것이다—을 따르는 게 마음 편하다. 주가 상승분을 마지막 한 호가까지 먹어 치우려 들지 말고 까치밥은 남겨준다는 생각으로 매도하라(기술적으로는 부분 매도가 하나의 해결 방안이 될 것이다).

머리 꼭대기에서 매도 타점을 잡으려고 욕심부리다가 적시타가 순식간에 병살타로 바뀌는 경우도 드물지 않다. 탐욕에 멘탈이 흔들려 매매 원칙을 안 지킬 때 생기는 대표적인 참사다.

10
떠난 버스 쫓아 달리지 마라

"버스에 목매다 택시 탈 때

꼭 바로 뒤에 따르는 버스 볼 때

바로 오늘의 인내가 인생 대역전의 꿈의 티켓

다들 홧김에 일을 망치네

참아, 오늘이 네 화를 삭힐 때"

에픽하이

「평화의 날」중에서

에픽하이의 노래 가사처럼 한참 기다리다 택시를 탔더니 바로 뒤에 버스가 오는 경험은 한 번쯤 해봤을 것이다. 주식투자에서도 비슷한 경험을 종종 한다. 한참 보유하던 종목은 참다 참다 매도하니 오르는데 새로 매수한 종목은 귀신같이 내려간다. 왜 모든 종목은 내가 사면 내리고 팔면 오를까.

이유는 단순하다. 현상적으로는 역사이클을 타서 모든 진입이 추세에 역행하니 발생하는 일이고 본질적으로는 멘탈이 흔들려서 매매 원칙을 안 지킨 탓이다.

급등하는 종목, 특히 자신이 보유하고 있다가 상승 직전에 팔아버린 종목을 보면 애가 탄다. 보유 기간이 길수록 더 활활 탄다. 손절을 늦게 해서 손실이 커질 때도 마음이 아프지만 손절을 늦게 해서 손실이 커질 때보다 익절을 빨리해서 수익이 줄었을 때 마음이 더 아프다. 남의 떡도 더 커 보이는 법인데 내 떡이었던 게 남의 떡이 됐으니 얼마나 커 보이겠는가.

그러나 이미 날아간 종목을 뒤쫓는 건 떠난 버스를 쫓아 달리는 격이다. 아무리 열심히 달린들 이미 지나간 버스를 잡는 건 요원할뿐더러 기다리고 있으면 다음 버스가 곧 온다. 모든 종목은 상승과 하락을 반복하며 움직인다. 놓친 종목이라도 한 번 쉬어 갈 때—물론 매수 평단은 조금 더 비싸지겠지만—진입할 기회가 반드시 온다.

소위 '갭 상승'과 '점상'이라고 부르는, 장 시작부터 손 쓸 틈도 없이 날아오르는 종목은 극히 드물다. 이런 종목들은 스캘퍼라면 모를까, 기존 매수자가 아닌 이상 차티스트도 가치투자자도 거래할 만한 종목이 아니므로 눈에 담지 말라.

차트 매매든 가치투자든 굳이 한 종목에 목맬 필요가 없다. 매수할 종목은 언제나 있다.

11
무조건 성공하는 투자 비법

을 푼돈 몇 만 원에 알려줄 사람은 없다.

"사람은 그 무언가의 희생 없이는 아무것도 얻을 수 없다. 무언가를 얻기 위해서는 그와 동등한 대가를 치러야 한다."

『강철의 연금술사鋼の錬金術師』중에서

무엇보다 그런 비법은 존재하지 않으므로 공개할 수도 없다. 그리고 앞서 말했듯 타인의 성공 방정식은 당사자만 오롯이 활용할 수 있는 그 사람만의 방법이다. 모든 사람이 무조건 성공적으로 활용 가능한 비법은 존재하지도 않거니와 절대 비법이 아닌 자신만의 비법이라 할지라도 이를 별 조건이나 대가도 없이 쉽게 내놓을 투자자는 없다. 만약 그런 증시의 슈바이처Albert Schweitzer 박사와 같은 투자자가 존재했더라도 그가 비법을 공개한 후 20초 내로 시장에 다 반영됐을 테니 이미 '비밀' 정보의 유용성은 잃었을 것이다.

투자의 절대 비법 따위는 존재하지 않고, 존재한다 하더라도 이를 큰 대가 없이 알려줄 사람은 없으며, 그런 사람이 있더라도 비법은 공개되는 순간부터 더 이상 비법이 아니라는 사실을 명심하자.

모든 인간은 대체로 합리적 선택을 추구한다. 그런 만큼 합당한 동기incentive—motivation이 아니다—에 의해서만 움직이는 이기적인 존재며 일반적으로 싼 가격은 싼 이유가 있고 비싼 가격은 비싼 이유가 있다. 앞서 추천한『인공지능 투자가 퀀트』를 읽어보면 전 세계의 내로라하는 투자은행들이 알고리즘 개발과 유출 방지에 어느 정도의 비용을 들이는지 대략적인 감을 잡을 수 있다.

혹시 싶어 한 번만 더 강조한다. 이론 공부로 얻은 지식과 실전 경험에서 얻은 교훈을 통해 정립한 자신만의 투자철학과 매매 원칙 외에는 그 어떤 것도 믿으면 안 된다. 절대 수익을 보장하는 투자 비법을 알고 있다고 주장하는 사람은 사기꾼이니 상종을 말라.

12
주린이에게 추천하는 투자 기법

　주린이들이 가장 많이 들었을 조언 중 하나가 "달걀을 한 바구니에 담지 말라"일 것이다. 이 조언을 가치투자의 격언으로 오해하는 사람들이 많다.

　사실 '바구니에 담긴 달걀' 비유는 가치투자와는 별 상관없는 이야기고 계량투자의 핵심이다. 워런 버핏은 "분산투자는 무지를 가리기 위한 방어막"이라고 냉소했다. 필립 피셔 역시 "최고의 기업 5개에 집중투자하라. 달걀을 너무 과도하게 나눠 담으면 매력적이지 않은 바구니에까지 달걀이 담길 수 있다"라고 했다. 분산투자는 위험성을 분산하기 위한 투자 방식이니 처음부터 기대 수익률 대비 위험성이 높은 투자를 피하고 투자자가 깊게 분석해 제대로 이해하는 소수의 기업에만 장기투자하라는 논지들이다.

　이례적으로 피터 린치가 포트폴리오에 1,400개의 종목을 보유한 적이 있기는 하다. "피터 린치가 매수하지 않은 종목이 단하나라도 있느냐"라는 말이 나올 정도였다. 그러나 그의 투자도 분산투자의 개념과는 거리가 멀었다. 이 농담에 대해 그는 "유망한 투자 기회라는 판단이 들면 전면적으로 사들였다"라고 설명했지 "뭐가 위험한 종목인지 몰라서 일단 다 샀다"라고 하지는 않았다.

앞서도 간간이 언급했지만 분산투자는 단순히 종목 수를 쪼개는 '자금 분산'이 아니다. 분산투자는 상관계수가 0 이하인 금융상품들로 포트폴리오를 구성하는 '위험성 분산'이다. 보유 금융상품별로 돌아가면서 두들겨 맞는 포트폴리오는 분산투자가 아니다.

나는 95% 이상의 주식과 5% 이하의 현금으로 구성된 매우 공격적인 포트폴리오를 선호한다. 심한 약세장이 예측될 경우 포지션 대부분을 청산하고 현금으로 보유한다. 보유 현금으로는 평소 관심을 두던 종목의 주가가 충분히 내려올 때까지 기다리며 총 투자금 중 5% 이하의 비중으로 파생상품 헤지를 걸거나 20% 이하의 비중으로 단타를 친다.

하지만 안전자산 비중이 극히 낮은 내 투자 방식은 추천하고 싶지 않다. 기본적으로 오랜 기간 투자 공부에 시간과 노력을 들였고 지인들에게 때때로 기계처럼 느껴질 정도로 매우 이성적이라는 평을 듣는 성격을 타고났기에 가능한 방식이다. 안전자산에 전혀 투자하지 않고 현금 비중도 매우 낮은 위험천만한 투자 방식을 남에게 권한 적은 단 한 번도 없고 앞으로도 없을 것이다.

주린이들에게는 자산배분을 활용한 계량투자가 가장 적합하다. 감정이 개입할 여지가 상대적으로 적고 수치로 드러나는 투자 근거가 상대적으로 명확하다. 그렇기에 상대적으로 간단하면서도 효과적인 전략을 세울 수 있다. 내가 비문을 무릅쓰고 '상대적으로'를 세 번이나 사용한 이유는 직접 해보면 자연스레 이해할 것이다. 공부법은 4장-08을 참고하고 포트폴리오는 최소 40% 이상 안전자산으로 구성하자. 위험자산은 전부 인덱스펀드로 채우는 걸 추천한다.

물론 티끌은 모아봐야 티끌에 불과하다. 천 리 길도 한걸음부터라지만 유럽을 걸어서 가는 사람은 없다. 자산을 빠르게 증식시키려면 낮은 위험성의 분산투자보다는 높은 기대 수익률의 집중투자가 낫다. 그러나 집중투자는 뭘 사도 오르는 수준의 강세장이거나 투자 내공이 깊지 않다면 함부로 시도하기 어려운 방식이다.

같은 맥락에서 사회생활 초기에는 금융소득보다 근로소득을 증가시키는 데 집중하는 게 낫다. 똑같은 부정기적 소득이라 하더라도 근로소득인 상여금 100%는 확정소득이지만 금융소득인 투자 수익률 100%는—달성한다는 보장이 없는—가변소득이기 때문이다. 경제활동 초반의 가장 효율적인 현금흐름 창출 수단은 노동력이고 투자의 시작은 저축예금이다.

책 전체에서 반복해 강조했듯 기대 수익률과 위험성은 한 몸이다. 모든 금융상품의 기대 수익률은 투자의 위험성에 비례한다.[48] 금융상품 기대 수익률 구조는 무조건 저위험·저수익, 중위험·중수익, 고위험·고수익 셋뿐이다. 따라서 금융상품의 종류를 막론하고 저위험·고수익을 장담하는 사람은 높은 확률로 사기꾼이다.

투자은행 또는 증권사의 세일즈 부서나 자산관리 부서에 근무하는 지인이 알려주는 게 아닌 이상 투자 권유를 "너한테만(너니까) 알려주는 건데"로 시작한다면 무조건 사기꾼이다. 내부자거래 수준의 정보는 일반인이 알 수도 없고, 해당 정보를 유출한 특수관계인 또는 전문투자자는 매우 무거운 처벌을 받으며, 일반인한테까지 알려질 정도의 정보는 이미 시장에 다 반영돼있다.

적법성 여부를 떠나서 내부 정보를 이용한 투자 수익률은 생각보다 신통치 않다. 물론 여러 정황에 따라 신뢰할 만한 정보라고 한다면―가령 앞서 언급한 면세점 MD가 알려주는 유통업계 현황이라든지―이를 참고할 수는 있겠지만 어디까지나 참고에만 그치고 실제 투자 판단은 심도 있는 리서치를 거친 후 내려져야 한다. 스스로 조사하고 계획하지 않은 투자에 확신이 생길 리

---

[48] 채권과 채권 금리가 대표적 예시다. 세계 최강대국 미국의 10년물 금리는 1.44%지만 채무불이행default을 상습적으로 저지르는 아르헨티나의 10년물 금리는 무려 50.66%다. (2021년 12월 3일 기준)

없고 '고급 정보'를 알려준 내부자가 매수가나 매도가까지 정확하게 집어서 알려주지는 않기 때문이다. "그래도 미공개 정보로서의 가치는 있지 않겠느냐"라고 물을 수도 있겠지만 내 생각은 다르다.

이유는 여럿이지만 일단 믿을 만한 내부 정보라는 선입견에 사로잡혀 객관적 판단을 못 한다. 5장-04에서 설명했듯 "결론을 내놓고 자료를 보면 보는 걸 믿지 않고 믿는 것만 보게 되기 때문"이다. 실제 상황이 고급 정보의 내용과 달라져도 능동적 대처를 못 한다.

"70년에 이르는 나의 주식 인생에서 내부 정보를 이용해 돈을 번 것은 겨우 네 번밖에 없다. 그중 두 번은 정보가 가리키는 대로, 나머지 두 번은 정보와 반대로 투자해서 얻은 결과다. 물론 내부 정보로 투자했다가 돈을 잃은 경우는 셀 수 없이 많다."

앙드레 코스톨라니
『실전 투자강의』 중에서

일반적으로 안전자산으로 분류되는 금융상품들은 미국 국채나 금처럼 변동성이 적은 저위험·저수익 상품이다. 수천억 원 이상의 자금을 운용하는 기관투자자들의 경우 수익률이 1%만 하락해도 수십억 원 이상의 손실이다. 그래서 포트폴리오 일부는 항상 안전자산으로 구성한다. 요즘은 개인투자자들도 ETF를 통해 국내외 안전자산에 쉽게 투자할 수 있다.

안전자산과 위험자산을 섞어서 포트폴리오의 전체적인 기대 수익률과 위험성을 관리하는 기법을 자산배분 투자라고 한다. 개인적인 생각에 자산배분 투자에 가장 적합한 포트폴리오는 위험자산인 지수연동형 인덱스펀드와 안전자산인 국채의 조합이다. 워런 버핏도 직접 종목을 선정하고 포트폴리오를 운용할 실력이 못 되면 투자금을 인덱스펀드에 넣으라고 권유한다.

그는 유언장의 '아내에게 전하는 자산관리법'에도 "유산의 10%는 채권에, 나머지 90%는 뱅가드의 인덱스펀드에 투자하라"라고 적었다.[49]

안전자산 투자는 기대 수익률이 낮기에 강세장에서는, 특히 어지간한 종목은 다 오르는 소위 '대세 상승장'에서는 별 재미가 없다. 들어본 적도 없는—주로 '○○바이오', '○○제약', '○○기술' 등의 이름을 가진—코스닥 종목들은 매일같이 돌아가며 장대 양봉을 뽑는 동안 10년물 국고채나 금 가격은 기어 다니는데 재미있을 리가 없다. 하지만 증시가 약세로 전환하거나 약세가 오랜 기간 이어질 때 안전자산 투자는 굉장히 재밌어진다.

---

[49] "Warren Buffett wants 90 percent of his wealth to go to this one investment after he's gone" (CNBC, 2019년 2월 27일)

안전자산 투자는 기대 수익률이 낮은 만큼 기대 손실률도 낮다. 모든 자산의 가격이 다 추락하는 소위 '대세 하락장'에서는 안전자산의 가격이 하락하더라도 증시의 하락률보다는 그 정도가 덜하다. 또한 투자자들은 증시가 하락세라고 판단되면 위험자산에 투자했던 자금을 회수해 안전자산에 투자하는 경향을 보인다. 그래서 약세장 진입 시 안전자산의 가격은 대개 상승한다.

따라서 이제 막 투자를 시작하는 주린이라면 포트폴리오를 구성할 때 반드시 일정 비율 이상을 안전자산으로 채워야 한다. 투자자의 성향과 상황에 따라 감내할 수 있는 위험 정도가 다르기에 자산배분 비율의 정답은 없다. 일반적으로는 60%의 위험자산과 40%의 안전자산으로 포트폴리오를 구성하는 60/40 원칙 60/40 rule이 가장 무난하다고 여겨진다. 약세장을 예측한다면 기대 수익률이 낮은 만큼 위험성도 낮은 안전자산의 비중을 높이는 게 낫고, 강세장을 예측한다면 위험성이 높은 만큼 기대 수익률도 높은 위험자산의 비중을 높이는 게 낫다.

고위험자산인 주식에만—말리고 싶다—투자할 때도 마찬가지다. 약세장에서는 주가의 등락이 완만한 대형주, 안정적인 이익과 탄탄한 현금흐름을 보이는 고배당주, 기업의 보유 실물자산(e.g. 부동산) 가치가 높고 매년 안정적인 이익을 내는 자산주, 거시 경제의 영향을 상대적으로 덜 받는 경기 방어주 투자가 적합하다.

그러나 강세장에서는 주가의 등락이 급격한 중소형주, 기업의 성장세가 가파른—혹은 가파를 것으로 여겨지는—성장주, 거시 경제의 영향을 크게 받는 경기 변동주 투자가 더 적합하다. 당연한 말이지만 증시의 약세장과 강세장을 판단하고 투자 대상을 결정하려면 깊은 수준의 기술적 분석 또는 가치평가 지식이 있어야 한다. 구체적으로는 ① 차트에서 스마트머니Smart Money[50]의 흔적을 올바르게 해석하고 시장의 심리를 읽어낼 수 있는 수준의 기술적 분석 지식을 갖추거나, ② 재무제표와 거시 지표에서 기업의 이야기를 해석하고 산업과 경제의 동향을 진단할 수 있는 수준의 회계와 경제 지식을 갖춰야 한다.

그래서 자신에게 맞는 투자 기법과 매매 방식을 찾고 이를 깊게 연구하는 것이 중요하다. 주린이라면 자산배분 투자로 시작해 어느 정도 이론 공부와 매매 경험을 쌓은 후 차트 매매든 가치투자든 도전하기를 권한다. 물론 자신에게 제일 잘 맞는 투자법이 자산배분 투자라면 계량투자만 해도 아무 문제 없다.

---

[50] 시장의 기류 변화를 가장 먼저 파악하고 반응하는 투자 기관이나 속칭 큰손으로 불리는 개인투자자들의 투자금을 뜻하는 말이다.

"

총을 참 잘 쏘는군!
하지만 만약 장전된 총을 자네의 심장에 겨누고 있다면,
그 상황에서도 자네는
와인 잔의 목 부분을 명중시킬 수 있겠나?

"

『어느 주식투자자의 회상Reminiscences of a Stock Operator』중에서

맺으며

최근 들어 패러다임 변화가 일어나는 양상이 곳곳에서 보인다. 하지만 우리가 사는 사회는 아직 자본주의 체제며 앞으로도 한동안은 자본주의라는 큰 틀에서 벗어나지 않으리라는 점은 모두가 동의하는 바다.

스타크래프트 같은 전략시뮬레이션 게임이나 리그 오브 레전드 같은 MMORPG 게임을 해봤다면 미네랄이나 골드를 장기간 대량 보유하면 안 된다는 걸 알 것이다. 획득한 자원을 계속 써서 새로운 건물을 짓고 아이템을 사야 승기를 유지할 수 있다.

투자 역시 마찬가지다. 투자로 목돈을 만들려면 계속해서 좋은 기업 또는 종목을 발굴하고 투자 원금과 수익금을 끊임없이 재투자해야 최단기간에 복리의 마법 효과를 볼 수 있다. 다음은 내가 생각하는 투자의 공부와 실행 순서다.

일단 종잣돈을 모은다. 금융소득을 만드는 데 필요한 종잣돈을 빨리 모으고 싶다면 근로소득인 월급에서 소비는 줄이고 저축은 늘리는 습관을 들이는 게 최우선이다. 투자의 시작은 저축 예금이다. 이 단계에서의 관건은 투자를 대하는 올바른 자세를 익히는 것이다.

그다음은 고정 수입인 근로소득의 규모를 키운다. 투자 실력이 늘어도 자본금이 적으면 아무리 복리의 마법을 퍼부은들 자본의 규모를 키우는 데 한계가 있다. 초반에는 금융소득에서 큰 편익을 얻기 어렵다. 이 단계에서의 관건은 기회비용의 의미를 이해하는 것이다.

그리고 위 과정들을 거쳐 만든 눈덩이를 금융상품 투자로 굴린다. 어떤 기법을 쓰든 매매는 쌀 때 사서 비쌀 때 파는 것이고, 투자의 시작과 끝은 잃지 않는 것이며, 장기적으로는 수익 폭을 늘리는 것보다 손실 폭을 줄이는 게 더 중요하다는 점을 명심해야 한다. 이 단계에서의 관건은 합리적인 투자철학과 매매 원칙의 중요성을 체득하는 것이다.

내가 투자를 이해한 수준은 여기까지다. 마지막 단계는 시장의 움직임을 꿰뚫어 보고 대중의 탐욕과 광기를 읽어내 선제적으로 대처하는 수준이라고들 한다. 아직 내게는 먼 이야기다.

본 책은 주린이에게 가장 필요한 내용만 담은 책이지만 모순적으로 주린이에게는 진입 장벽이 가장 높은 종류의 책일 수도 있다. 계속해서 투자는 어렵고 공부를 많이 해야 한다는 말을 되풀이해 강조하며 어떤 종목을 사야 하는지 집어주지도 않고 웬만하면 개별주식 투자보다 인덱스펀드 투자를 하라고 권한다.

서문에서 밝혔던 것처럼 주린이가 본 책을 소설책 읽듯 한 번씩 읽고 다 이해하기란 불가능하다. 추천 도서를 읽으며 본 책을 여러 차례 다시 읽어볼 것을 권한다.

최대한 많은 내용을 담고자 했던 내 욕심이 과했나 싶은 우려도 든다. 하지만 준비가 모자라서 낭패를 겪는 경우는 있어도 준비가 과해서 실패하는 경우는 없다. "자본주의 게임은 까딱하면 재기 불능의 수준으로 처참해지는 고난도 게임이다. 자본주의 정글에서 살아남기 위한 대비는 아무리 해도 모자라다"라는, 내 과한 우려 정도로 너그러운 양해를 부탁드린다.

추천 도서는 둘째 치고 여기까지 읽은 것도 쉽지만은 않았을 것이다. 책은 불특정 다수를 메시지 전달 대상으로 삼기에 다소 장황히 설명한 부분들도 분명히 존재한다. 독자마다 배경지식과 지적 수준이 다르기에 설명이 잘못 전달되는 불상사를 막기 위함이었다.

본 책의 내용을 전부 완벽히 이해하고 추천 도서를 전부 읽어야 투자를 시작할 수 있다는 말은 아니다. 만약 그런다고 해도 수익률이 기존 투자자들의 몇 배 이상으로 올라가지도 않을 것이다. 하지만 투자에 '짬바'는 없으므로 본 책을 참조해 정확한 방식으로 열심히 노력하면 기존 투자자와의 차이를 단기간에 좁힐 수 있다.

본 책에서 지적한 수많은 잘못된 통념을 바탕으로 해괴한 논리적 오류를 저지르는 기존 투자자 중에서도 꾸준한 수익을 내는 이들이 없지 않다. 아니, 사실 생각보다는 꽤 많다.

하지만 이런 사람들도 다년간 증시에서 꾸준히 수익을 올린다는 말은 뒤집어 말하면 합리적인 투자철학이나 매매 원칙을 세우기 위해 높은 지능을 타고나거나 정교한 논리학 기술 또는 복잡한 수학 공식을 이해할 필요는 없음을 방증한다. 물론 그럴 수 있으면 더 좋고 그럴 목적과 의지가 있는 이들을 위해 추천 도서는 전부 적어두었다.

그러나 계속 말했듯 주식투자에서 가장 중요한 건 타고난 지능, 기법의 가짓수 또는 매매 경험치가 아니라 자신에게 적합한 투자철학과 매매 원칙을 세우고 이를 지키는 것이다. 저런 사람들도 수익을 내는데 여기까지 읽은 독자들이 못 할 이유가 없다.

주린이 모두가 진정한 자본가로 거듭날 수 있기를 바라며 본 책이 이에 조금이라도 도움이 되기를 희망한다.